タロットの秘密

鏡 リュウジ

講談社現代新書

2424

目次

序章　タロットの魅力

タロットとは何か

占いや〝スピリチュアル〟がブームだといわれて久しい。というよりも、占いはメディアにおいても、ウェブコンテンツにおいても、あるいは実際の市場においても、常に小さからぬ市場を獲得してきており、「ブーム」という言葉はあまり適切ではないだろう。一過性のものではないのである。

なかでも人気が高いのは、タロットだ。崖に向かって歩く旅人、死神、さんさんと輝く太陽や恋人たちといったミステリアスな絵を描き込んだカードが、人々の好奇心をくすぐっている。

大きな書店をのぞいてみると、カード付きのタロット本のセクションは必ずあるだろうし、専門的な解説本も並んでいる。また、タロット占いの教室も人気が高い。不況時でも強い副業として、タロット占いの技術を身に付けようとする人も増えているというのが、各地のカルチャーセンターなどでタロット入門講座の講師をしていての実感だ。

だが、改めてタロットとは何か、ということを問うてみると、その実態は案外知られていないのではないだろうか。漠然と「神秘的な占いカードでしょう?」というくらいではないだろうか。

実は、これはプロやセミプロの方たちにもいえることだ。「タロット占い師です」と名乗っている人と話してみて、その人たちがタロットの歴史や実態などについて、あまりご存じないということに気づき、驚くことがある。

タロットはもともと、占いをはじめとする神秘的な用途のためのものではなかった。初期のタロットは、ルネサンスの貴族たちの遊戯カードとして発達したのである。さらにいうなら、タロットが「神秘的」なものになり、占いの道具として利用されるようになるのは一八世紀後半を過ぎてからのことなのだ。

とはいえ、ここで占い師たちを非難するつもりはない。ここがタロットの大きな魅力のひとつでもあるのだが、タロットは難しい理論や歴史の知識がなくとも、想像力が豊かでストーリーを紡ぐ能力があれば、カードを手にしてすぐにでも始められる。

また占いをするためには難しい計算や理論を勉強しなければならない占星術や四柱推命、手相などに比べれば、間口はうんと広いというのがタロットの楽しさである。もしあなたがタロットに初めて触れて、タロット占いを試してみたいというのであれば、本書の第五章で占いの手順を、第四章でカードの意味を調べて、今すぐ遊んでいただいても結構だ。

実際のタロット占いにおいて必要なのは、「三日後に死ぬ」といったような悪い予言で人を傷つけることはしないとか、守秘義務を守るとか、あるいは思いやりと共感をもってクライアント（占いの依頼主）と向き合うというスタンスのほか、何よりも健全な常識的感覚と人生経験であって、これらに比べれば知識的な側面の重要性は高くはない。

とはいえ、である。ここで声を大にして強調したいのだが、タロットの魅力は〝占い〟にだけあるのではない。占いというのは、タロットの全体像のなかでたしかに重要なひとつの柱をなすことは間違いないのだが、それ以外にも、タロットの世界には面白い領域が広がっている。

たとえば、「図像学」という側面。図像学（イコノロジー）とは、絵画に描かれた宗教的・神話的モチーフ（図像）などから、作品の由来や表現の意味を探る学問である。タロットはルネサンス期に生まれたのだが、その時代のほかの絵画作品と同じように、その絵柄は伝統的な約束事にのっとった意味を持っているものが多い。それはある程度、文章のように「読み解ける」のである。しかし一方で、タロットの初期の製作者たちは、解説書のようなものは残さなかったから、そこにはいくつもの謎が残る。だから、多くの研究者たちは、ほかの美術や文学の作品などと比較しながら、そのルーツを解読しようと今もチャレンジを続けている。ダン・ブラウンの小説『ダ・ヴィンチ・コード』ではないが、物言わぬ絵柄に秘められた歴史的・文化的な背景や、暗号めいたシンボルを読み解いていくのは実にスリリングな作業なのだ。

また、一八世紀の末以降、タロットは「神秘化」されてゆく。その歴史を追いかけていくことは、近代という合理化の時代の裏で、いや、むしろ、急速な近代化の波に並行するかたちで、人々がそれまでとは異なる神秘主義やオカルト的な世界観を創造していったことが見えてくる。とりわけ一九世紀以降、タロットは、西洋のオカルト的、神秘的な思想の受け皿となって発展していった。これは第二章で詳しく述べることであるが、タロットは単なるゲーム用のカードではなく、古代エジプトの叡知、ユダヤの秘儀・カバラ、薔薇十字団といった秘密結社の秘伝、占星術などの秘密の知識を暗号化して詰め込んだ秘密文書でもあると考えられるようになり、この考え方をベースに、さまざまなオカルト主義者たちによって複雑な意味を付与されていくようになったのである。そして二〇世紀後半からは、タロットは深層心理学とも結びついてゆく。いわば、近代以降のタロットの歴史を知ることは、僕たちが生きている現代の光と影の面を見つめることでもあるのだ。

さらに、タロットには芸術的創造性やさまざまな思想の発露としての側面がある。あのシュルレアリストのサルバドール・ダリもタロットを制作していた。どうもタロットの絵柄には、芸術家たちの感性をくすぐるものがあるらしい。

タロットの楽しみのひとつにコレクションがあるが、それが「楽しみ」として成立するのは、さまざまなタロットに出合うたび、タロットという「型」に制約されてこそ生み出される多彩なアイデアや豊かな創造性に、新鮮な驚きが感じられるからだろう。もちろん、あなた自身がタロットを描くということもある。

ほかにもタロットの魅力はたくさんあって、それこそ楽しみ方は無限だといっていい。タロット自体がひとつの複合的な文化的現象であり、それは今なお進化と変容を続ける生きた伝統なのである。

本書では「占い」のハウツーもご紹介するが、こうした多様なタロットの魅力をなるべくコンパクトかつわかりやすいかたちでレクチャーしていくつもりである。本書を手にしてくださったあなたが、タロットの豊穣な世界に目を開いていただけるきっかけになれば、こんなに嬉しいことはない。

オカルトブーム

初めてタロットを手にしたときの興奮を僕は忘れない。それは一九七〇年代末、僕がまだ一一歳のころのことである。

幼いころから魔法が出てくる童話が好きだった僕は、神秘的なものやオカルト的なものに自然に惹かれていたのだと思う。書店で初めてカード付きの入門書を見かけたとき、どうしても欲しくなって、親にねだったのである。占いのカードだとすぐにわかったけれど、「占い」というのがなんとなく後ろめたく、「ゲーム用のカードが欲しい」と言った。もっとも、その本のタイトルには「恋の十字架占い」という文言が入っていたから、バレバレだったであろう。

当時は子供だったから気がつかなかったが、今にして思えば、「オカルトブーム」全盛のころである。

日本においては一九七四年が「オカルト元年」なのだという。この年に映画『エクソシスト』が公開され、スプーン曲げで人気を博したユリ・ゲラーが来日した。高度成長時代のひとつの裏面として、科学とはまた別の法則や、科学ではとらえきれないモノが存在するのではないかという人々の潜在的な期待や欲望をかきたてるようなコンテンツが大きな人気を博していたのである。五島勉著『ノストラダムスの大予言』が大ヒットしたのもこの時代だ。

ここでいうオカルトとは、ホラー作品も含め、「魔術・テレパシー・未来予知・錬金術・占星術・霊能力、死後の生、さらにはＵＦＯ（未確認飛行物体）、アトランティスやムー大陸など失われた超古代文明までも含めた不可思議で超自然的な現象や作用の総称」（一柳廣孝編著『オカルトの帝国』）とされていて、ルネサンス期に西洋で用いられていた意味での「オカルト」とは相当異なったニュアンスをもつ概念になっているのだが、ともあれ、七〇年代のオカルト的なブームのアイテムのひとつにタロットが含まれていたのである。

書店の店頭で、子どもでもすぐに見つけられるような場所にタロット本が置かれていたということ自体、当時、いかにタロットがブームであったかを示している。僕が手にしたのは辛島宣夫著『プチ・タロット　恋の十字架占い』（一九七九年）だったが、その五年前の一九七四年（オカルト元年である!!）に出た、やはり辛島宣夫著『タロット占いの秘密』は、またたく間に八〇万部を超えるベストセラーになったそうで、日本でタロットが一気に浸透していく時代であったのだ。子供だった僕は、知らぬうちにこのタロットブームのなかに巻き込まれていたのだった。

映画007に登場した「恋人」のカード

このタロットブームは、日本だけではなく世界的なものだった。

たとえば、あの映画007シリーズ『死ぬのは奴らだ』には、タロットが重要な小道具として登場している。公開は一九七三年だから、当時五歳だった僕がリアルタイムで見ているはずはないのだが、おそらく、テレビで放映されたときの記憶が残っているのだろう。ネタバレになって恐縮だが、幼かった僕の瞼《まぶた》に焼きついた映像は、およそ以下のようなものであった。

ジェームズ・ボンドが美女を口説こうとしている。

ボンドは、女性が持っていたタロットを手にして、このカードで二人の運命を見てみようじゃないかと誘う。

女性はタロットの達人のようで、むろん、タロットを信じている。いや、この女性は敵方のひとりで、生まれながらに霊能力があり、タロットで敵情などを知ることができた。

このとき、その美女の瞳はセクシーなボンドに完全に惹きつけられていて、占うまでもないというのは、視聴者にはお見通しである。

ボンドが「では、このカードから好きなものを取るがいい」とたたみかける。

女性が引いたカードは、見事、「恋人」であった。

ためらいを捨て、ボンドに体を預ける美女。

女性を抱きしめたボンドの手からこぼれ落ちたカードの山は……すべて「恋人」のカードであった。これはボンドのトリックだったのだ。もっとも、先に述べたように、この女性はすでにボンドに心を許していたのだから、このようなトリックは、女性にささやかな言い訳を与えるだけのものに過ぎなかったともいえるわけだが……（ただし物語では、ボンドに処女を捧げたこの女性は、地上の男性と恋をしたことで霊能力を失ってしまうことになる。それを知っていた女性としては、ボンドに身を委ねることにはよほどの覚悟が必要だったということになるわけだ)。

幼かった僕には、このシーンはいかにも艶《なまめ》かしく生々しく思えて、何かいけないものを見てしまったような、あるいは、タロットにはこのような使い方もあるのかと感じ入ったものだ。今から思うとかわいいものである。

このとき、映画のなかで使用されたタロットは、ファーガス・ホールによってデザインされたオリジナリティーの高い傑作で、そのヴィヴィッドな色彩とあいまって現在でも商品化され、広く用いられている。アメリカのカードメーカーから「魔女のタロット」(Tarot of the Witches) という名前で出ているのがそれだ。

このカードは元来、映画公開に合わせて「007のタロット」という名称で発行されたものである。裏面のデザインも、映画で使われたのと同じように007をあしらったものになっていた。現在の「魔女のタロット」では、この007の意匠は消えており、「007のタロット」は、今やプレミア価格のつくコレクターズ・アイテムとなっている。

007のような大作映画のなかでもタロットは重要な役割を果たしていたのである。ということは、それだけ当時、タロットに大きな注目が集まっていて、人々の関心をくすぐる小道具として価値があったということだろう。

注目したいのは、原作との違いだ。映画の原作になったのは、イアン・フレミングによる００７シリーズの第二作で、タイトルは映画と同じ『死ぬのは奴らだ』である。一九五四年に刊行され、日本では五七年に早川書房から井上一夫訳で出ている。

映画版は、原作が出た約二〇年後に製作、公開されているわけだが、実は原作にはタロットは出てこないのである。霊能力を持つ女性ソリテールは、たしかにカードを使うのだが、これはトランプであってタロットではない。

映画『007 Live and Let Die』（1973年）の撮影に使われた「恋人」のカード。「JAMES BOND 007 TAROT DECK」としても発売された。カードの裏側には「007」がデザインされている

ソリテールは敵方の女性であった。霊能力を持つソリテールは、相手の心を読むことができたので、敵方のボスからは、取引相手の素性や本音を探る仕事をさせられていたのだ。

ボンドの言葉に嘘はないかとボスに尋ねられたソリテールは、カードを混ぜ、そのときにこっそり、ハートのジャックとスペードのクイーンが向かい合い、接するように近づけてボンドに見せる。

ハートのジャックは魅力的な男性すなわちボンドであり、スペードのクイーンは占いをして

おり、敵方でもある女性、すなわちソリテールを表している。この二枚のカードが寄り添うようにしているところをボンドに見せるというのは、つまり、「私はあなたに恋をしているし、味方である」というサインである。

これもまた、フィクションにおけるトランプ占いの効果的な使い方ではあるが、これがタロットではなくトランプだったということ、逆にいえば、五〇年代にはトランプだったものが七〇年代にはタロットに入れ替わったということが、タロットが七〇年代には大きく一般化していたという証左《しょうさ》のひとつになるだろう。

五〇年代には、トランプ占いとカードの意味するところ（たとえばハートのジャックとスペードのクイーン）が一般的であったのに対し、七〇年代には、タロットにはさまざまな絵札があり、「恋人」を表すカードもあるということが、多くの人にとって容易に想像がつく状態にまで、タロットが一般化していたということなのである。

ほかに目を配れば、七一年にリリースされたレッド・ツェッペリンのレコード「天国への階段」の裏面には、タロットの隠者が描かれている。

このように七〇年代には、タロットは巨大な娯楽産業市場の中で、キーとして利用されるほどに魅力的なものとなっていたのである。

タロットカードの基本構成

世界を席巻した空前のタロットブーム。そのなかに、子供の僕は巻き込まれた。雑誌やウェブで占い関連のコンテンツを提供させていただき、それを生業《なりわい》としている「鏡リュウジ」は、このころに最初の一歩を踏み出した。雑誌などの連載では西洋占星術を扱うことが多いので、驚かれることもあるのだが、「占い師」鏡リュウジは、タロットからスタートしたのである。

カードと冊子がセットになったタロット占いの入門書は、辛島の大ヒットに続けとばかりに、七〇年代から八〇年代にかけて矢継ぎ早に出されていた。そのひとつを手に入れた僕は、はやる心を抑えながら封をとき、その中身を検分した。

これは現在、世界の主流となっているカードと同じ構成なので、初心に返って当時の記憶をたどりつつ、タロットの基本的な構成をご説明していくことにしよう。

本とセットになっていたカードは、全部で七八枚であった。通常のトランプが全部で五二枚（プラス、ジョーカー）であるから、トランプよりはだいぶ枚数が多い。

ちなみにトランプと言うのは日本だけで、英語圏では通じない。英語ではプレイングカード、ないし、単にカードと言う。トランプというのは「勝利」という意味であるが、カードゲームにおいては「切り札」という意味を持つ。初めてカードゲームを日本に持ち込んだ外国人たちが「トランプ！　トランプ！」と言って遊んでいたのを見聞きした日本人が勘違いしたか、あるいは洒落っ気を出して「トランプ」と呼ぶようになったのかもしれない。ちなみにタロットTarot（英語や仏語ではタロウと発音）という言葉の語源も諸説あるが、もっとも有力なのは「勝利」、転じて「切り札」という意味を持つトリオンフィに繋がるという見方である。トランプはトリオンフィと語源を同じくするから、トランプとタロットという言葉は近い親戚関係にある可能性が高い。

トランプやタロットのワンセットのことを「パック」ないし「デッキ」と呼ぶ。タロットとひと口にいっても実にさまざまな種類があるので、製作年代や地域、製作者の名前をとって「マルセイユ版」とか「ウェイト＝スミス版」などと呼ぶのであるが、これを「マルセイユ・デッキ」とか「ウェイト＝スミス・デッキ」（ないしパック）と呼ぶこともある。デッキの枚数も、時代や地域によって異同があるのだが、現在、最もスタンダードだとされているものは、僕が初めて手にしたものと同じく、七八枚だとされている。

大アルカナ＝絵札の世界

封をとき、カードを広げた僕は、その神秘的なデザインにまず目を奪われた。

夜空に浮かぶ月からは、光が雫《しずく》のように滴《したた》り落ちている。魔法使いは杖を手にし、今にも魔法を使おうとしているようだ。天使がラッパを吹き鳴らし、墓からは死者たちが蘇《よみがえ》ろうとしている。荒野を骸骨の姿をしている死神が歩いてゆく……。

こうしたいかにもタロットらしい絵柄には、何やら深い神秘が隠されているように感じられた。

絵札の数は、二二枚。タロットをタロットたらしめているのは、この絵札のシリーズだといっていい。現在は、この絵札のシリーズは、「大アルカナ」と呼ばれている。

アルカナというのは聞きなれない言葉かもしれないが、元来はラテン語の「秘密」とか「秘薬」という意味である。タロットにこの「アルカナ」という言葉が結び付けられるようになったのは一九世紀以降のことだが、これについては後に解説しよう。

どんな絵があるのか、好奇心に導かれるまま、僕は順繰りにカードをめくっていくことにした。

すると、二二枚の「大アルカナ」には、以下のようなカードが含まれていた。

0：愚者　荒野を歩く、半裸の放浪者。
1：魔術師　魔法使いが杖を振り上げて魔法を使おうとしている。
2：女教皇　女性の宗教的指導者が静かに座っている。

3：女帝　玉座に座った女帝。
4：皇帝　威風堂々とした皇帝。
5：教皇　男性の宗教的指導者がほかの聖職者を祝福している。
6：恋人　キューピッドが恋人たちに愛の矢を放とうとしている。
7：戦車　戦車（凱旋車）に乗って進む戦士。
8：力　ライオンを手懐《てなず》ける女性。
9：隠者　ランプを手にして暗闇を歩く隠遁者。
10：運命の輪　変転する運命を表す車輪。
11：正義　剣と天秤を持つ裁判の女神。
12：吊られた男　木に吊るされている男。
13：死神　死の化身である骸骨が荒野をゆく。
14：節制　天使が杯から杯へ、水を移し替えている。
15：悪魔　大悪魔が小悪魔二人を鎖でつなぐ。
16：塔　落雷の直撃を受け、崩壊する塔。
17：星　全裸の女性が川に水を注ぎ、その上に星が輝く。
18：月　沼からザリガニが這い出し、犬と狼が月に吠える。

19：太陽　遊んでいる子供の上に太陽が輝く。
20：審判　天使がラッパを吹き、墓から死者が蘇る。
21：世界　花輪に取り囲まれた女性。

どの絵札からも、意味深長な雰囲気が漂ってくる（第四章にカードの絵柄を掲載しているのでご覧になっていただきたい）。

トランプとの共通点

この二二枚以外の、五六枚のカードは「小アルカナ」と呼ばれている。

小アルカナの構造は、通常のトランプととてもよく似ている。

五六枚は、まず、四つの「スート」に分かれている。スートとは、いわゆる「組」のことで、トランプでいうクラブ、ハート、スペード、ダイヤに相当する。ただし、タロットではトランプのように極端に記号化されたスートではなく、「棒」「杯」「剣」「金貨」の四つのスートから成り立っている。

それぞれのスートは、さらに、「数札《かずふだ》」（ヌーメラルカード、ないしピップカード）と、「人物札」（コートカード。ここでいうコートとは宮廷という意味）から成る。

数札は、トランプと同じで、エース（1）から10までの数がある。四つのスートがあるのだから、都合四〇枚の数札がひとつのデッキに含まれることになる。

トランプの人物札は、各組キング、クイーン、ジャックの三枚だが、タロットの場合、人物札が一枚多い。

キング、クイーン、ナイト、そしてペイジという四枚がそれぞれのスートにあるので、合計一六枚の人物札が含まれる。

もちろん、キングは王、クイーンは女王だ。ナイトは騎士であり、タロット特有のペイジというのは見習いの騎士あるいはお小姓である。人物札を英語で「コートカード」（宮廷カード）と呼ぶのは、タロットの人物が宮廷の人であることを示している。

言葉で書いただけではピンとこないかもしれないので、タロットの構成を一覧表にしてみた（表1）。

この構成をご覧いただくとわかると思うのだが、僕たちがよく知っているトランプは、タロットと兄弟のような関係にある。小アルカナと呼ばれるカードが、今のトランプの前身なのである。

とはいえ、タロットがトランプの先祖というわけではない。タロットやトランプが誕生する以前に、小アルカナに相当する四つのスートから成るカードが、まずは存在していた

表1　タロットカードの構成

大アルカナ		
0 愚者	8 力	16 塔
1 魔術師	9 隠者	17 星
2 女教皇	10 運命の輪	18 月
3 女帝	11 正義	19 太陽
4 皇帝	12 吊られた男	20 審判
5 教皇	13 死神	21 世界
6 恋人	14 節制	
7 戦車	15 悪魔	

小アルカナ			
棒	杯	剣	金貨
コートカード（人物札）			
棒のキング 棒のクイーン 棒のナイト 棒のペイジ	杯のキング 杯のクイーン 杯のナイト 杯のペイジ	剣のキング 剣のクイーン 剣のナイト 剣のペイジ	金貨のキング 金貨のクイーン 金貨のナイト 金貨のペイジ
ヌーメラルカード（数札）			
棒のA 棒の2 棒の3 棒の4 棒の5 棒の6 棒の7 棒の8 棒の9 棒の10	杯のA 杯の2 杯の3 杯の4 杯の5 杯の6 杯の7 杯の8 杯の9 杯の10	剣のA 剣の2 剣の3 剣の4 剣の5 剣の6 剣の7 剣の8 剣の9 剣の10	金貨のA 金貨の2 金貨の3 金貨の4 金貨の5 金貨の6 金貨の7 金貨の8 金貨の9 金貨の10

のである。そこに絵札、切り札である大アルカナがプラスされて発展していったものがタロットで、絵札が加わらずに進化したものが現在のトランプになったのだ。

いわば、タロットとトランプは、共通の幹から分岐した、カード進化の系統樹における二本の太い枝なのである。

初めての占い体験

子供の僕が手にした入門書には、タロットがいかに神秘的なものであるかが独特の文体で書かれていた。

タロットの起源は不明で、諸説あるけれども、この著者としては、古代エジプトにタロットのルーツがある、という説が気に入っているということ。

そして、タロットは占星術や数秘術と深いかかわりがあり、それぞれのカードに関連付けられる惑星や星座がある、ということ。

さらに、タロットは「恋占い」にも向いていると、その本には書かれていた。タロットカードの総数は七八枚である。その数字を、数秘術のメソッドに従い、単数に分解して足すと「7＋8＝15」、大アルカナの一五番目のカードは「悪魔」であり、いかにも魔力を秘めたカードであることを暗示するが、さらに一五を単数に分解して足すと、今度は「1

＋5＝6」となる。6は、占星術では愛をつかさどる金星の数であり、タロットの大アルカナでは「恋人」のナンバーである。つまりタロットには、恋と愛の秘密が埋め込まれているのではないだろうか……と。

今にして思えば、こうした解釈はきわめて主観的なものにすぎないし、実証性はない。そもそもタロットは七八枚とは限らず、歴史的にはさまざまな枚数のデッキが存在した。

さらに、占星術と結びつけられてゆくのは一九世紀以降であり、これにもさまざまな流派が存在するのである。

しかし、子供の僕は、そんなことを知る由もない。これはすごい、とタロットの魔法にかかってしまったのである。

一一歳の自分としては、占いたいことなどほとんどなかったのだが、試しに何かを占ってみたくて、マニュアルを片手にしながらカードに触れた。

方法は簡単らしい。カードを裏返し、念を込めてよく混ぜる。そのカードを、指定された順番に、これまた神秘的なかたちに並べていくのである。

どうやら、そのカードを置く場所に「過去」「現在」などといった意味があり、そこに出たカードのそれぞれの意味を照らし合わせながら、占い的な解釈をしていくということらしい。そして、僕は占いのマニュアル本を辞書のようにして、試してみたのである。

自分のことを何度も占っていたように思うのだが、その内容はよく覚えていない。具体的な占いの結果を求めるというよりも、神秘的な世界の扉を開く魔法の道具を手にしたような気分で、雰囲気を楽しんでいたのだろう。その後、一冊だけでは飽き足りず、ほかにも何冊かタロットの本を手に入れていった。

このような遊び半分の占いが「当たる」こともあった。

たまたま遊びに来ていた従姉妹《いとこ》のお姉さんが、タロットを手にしている僕を面白がって、占ってみてくれと頼んできたのだ。

その気になってさっそく、カードを混ぜた。そして、出たカードは「月」というものだった。どれどれとマニュアルを開いて、その意味を読み上げていく。

「不安、先が見えない状況、家庭不和……」

この「家庭不和」という言葉を読み上げた瞬間、従姉妹は苦笑いをした。

「そうやねん、よく当たってるわ。ほんまに今、夫婦喧嘩している真っ最中やねん」

他に、もう少し不気味なこともあった。稲妻の直撃を受けて崩壊する「塔」のカードが出た次の日、近所で火事があったのである。

もちろん、こうしたことは偶然にすぎない。占いをやっていると、これに類する偶然の一致が起こり、驚かされることもあるのだが、だからといって、このような一致が毎回起るわけではない。ましてや教科書どおりの解釈をして終わるのでは、「当たるも当たらぬも」の占い遊びでしかないし、それをむやみに信じ込むことは害でしかないだろう。

しかし、長年つき合ってきた身として、占いは、自分の状況を冷静に見ながら、偶然に現れるシンボルと突き合わせ、そのときの状況を異なる視点から分析していくツールとしては有効であると思っている。

つまり、タロット占いは基本的に、カードに描かれた絵柄（図像）から、得られるメッセージを読み取り、新たな自分の側面を見つめることで、問題解決のアドバイスを得るという行為である。このことについては、具体的に実践編の第五章でお話しすることにしよう。

ノーベル賞詩人とタロット

さて、個人的なことではなく、もっとスケールの大きな歴史のなかで重要な役割を果たしたタロット占いの例をひとつご紹介しておこう。

アイルランドに「アベイ座」（アベイ・シアター）と呼ばれる有名な劇場がある。アイルランド芸術の復興に大きな役割を果たし、のちにナショナルシアターとなる劇場だ。この劇場の設立に、タロット占いが深くかかわっているのである。

アベイ座は、アイルランドの詩人ウィリアム・バトラー・イェイツが会長を務めていたアイルランド国民演劇協会を母体とし、大きな紅茶商の娘であったアニー・ホーニマンの出資によって創建されることになった。アニーの祖父ジョン・ホーニマンは、家庭用の紅茶を販売する「ホーニマン紅茶商会」を設立し、莫大な財を築いた。アニーは、その財を自由に使える立場にいた。芸術に傾倒していた彼女は、イェイツらのパトロネスとなったわけである。

ここで、イェイツ、アニー・ホーニマンという名前を聞くと、オカルトの歴史に関心を寄せる僕のような人間は、ある種の興奮を感じざるを得ない。というのもこの二人は、一九世紀末にロンドンで結成された魔術結社「黄金の夜明け団」の高位団員であったこともあり、タロットや魔術の世界にどっぷりと浸っていたからだ。

一九世紀末に「魔術結社」が存在したなどというと奇異に思われるかもしれないが、これは事実である。産業革命が成功し、世界に冠たる大帝国になっていたイギリスでは、その反動もあり、科学では到達できない宇宙の神秘に、伝統的な秘教によって迫ろうとする運動がさまざまなかたちで勃興していた。いわゆるスピリチュアリズム（心霊主義）などもそのひとつで、あのコナン・ドイルも深くかかわったことはよく知られている。そして西洋古来の「魔術」に取り組もうとする人々もいて、そのなかでも重要なグループが、一八八八年に結成された「黄金の夜明け団」であった。

詳しくはまた第二章で触れるが、この団では、タロットが教義の中心的な部分を占めており、この結社のなかで練り上げられたタロットの体系が、二〇世紀以降のタロット解釈のベースとなった。

ノーベル賞詩人がタロットにここまで深くかかわっていたということに、驚かれる向きも多いに違いない。

一九〇三年、アニーは、イェイツらのために劇場創設の資金を出すべきかどうか、タロットで少なくとも四度占っており、イェイツにその結果を送っている。アニー・ホーニマンに関する研究書を出したジェイムズ・フラネリーによれば、「その予言のいくつかは驚くほど正確で、とくにイェイツの芸術、人生の行く末や、ホーニマン本人との将来の確執までを的中させていた」という。

いかがだろう。「占い」はもちろん、「文化」としてタロットの世界が思いのほか広く、深いことがおわかりいただけたのではないだろうか。

本書では、この広大なタロットの世界を主にふたつの側面から見てゆくことにする。

ひとつは、なるべく実証的にタロットの図像の系譜や変遷、そしてその背後にあるタロット製作者、実践者たちの世界観を探ってゆくこと。これはひとつの文化史としてスリリングな謎解きとなる。これは第一章から第三章で述べる内容である。今のようなタロットの解釈やイメージがどのような展開をして生まれてきたかをたどると、そこにいかにさまざまな人間の文化の側面がかかわっていたかを知って驚かれることになるだろう。

もう一方では、タロットを実際に「使う」ための入門書としての意味もある。タロットの使い方は、それこそ十人十色というところだろうが、何はともあれ、タロットの「占い」は実に面白い。とくに占いを「信じて」いなくてもかまわない。騙されたと思って、一度カードを切り、展開してみて欲しい。頭ではこんなものはたわいないものだとわかっていても、不思議な高揚感やドキドキした緊張感を覚えることになるはずだ。大人の理性の仮面の下に隠した、魔法を信じていたころの子供の心が浮かび上がってくるのである。

また、さらにタロットのイメージを深く見つめていくことで、自分自身を見つめるツールとして役立つこともあるだろう。僕自身の立場としては、タロットは単純な吉凶判断の占いである以上に、心理学者ユングのいう、心の深いところから現れる「元型」的イメージとして扱うことで、一種の自己セラピー的な価値もあると感じている。このことは第四章で述べることになるが、タロットは僕たちの心の奥底に眠っている英雄や、母なるものや父なるもの、愛や死といった普遍的な経験のイメージを刺激する。そこに僕たちは自分を重ね合わせ、いつもとは異なる角度から自分を見つめることもできるのである。

歴史の謎解きという左脳的アプローチ、絵のイメージから感じることをもとに自分の無意識と向きあうという右脳的アプローチ、その両面がタロットには存在しているのである。

前置きはこのあたりにしておこう。ここからタロットがどんなふうに生まれ、発展し、今のようなかたちになっていったのか、まずは歴史から見てゆくことにしよう。

第一章　誕生の謎

カードゲームから占いへ

一般にタロットといえば、占いをするためのカードだと思われがちだが、序章でも触れたように、もともとはそうではなく、貴族が使うゲーム用カードだった。

それがなぜ、オカルティックなイメージが付与されるカードとなっていったのだろうか。現在も続く、そうしたタロットカード像を決定づけた出来事が、一七八一年にフランスで起こったのである。まずは、そこから語ってゆくことにしよう。

その出来事の主人公は、クール・ド・ジェブランという歴史・言語学者である。

彼は、革命期のフランスを生きた大学者のひとりで、当時の国王、ルイ一六世の覚えもめでたかったようだ。たとえば、美術史家のユルギス・バルトルシャイティスは、著書『イシス探求』のなかで、ジェブランをおよそ次のように紹介している。

「プロテスタントであったにもかかわらず、国王から出版物検閲官に任命され、アカデミー・フランセーズは、彼にふたつの賞を授けた。『原初世界』の新しい巻が出るごとに、ルイ一六世は百部を予約したほどである。クール・ド・ジェブランは百科全書的精神と自由主義思想の持ち主で、フランス革命を準備した哲学者や経済学者の系譜に属している」

ここに出てくる『原初世界』とは、ジェブランが著した百科事典で、一七七三年に第一巻が刊行された。その一〇年後、一七八一年に刊行された第八巻には、タロットにかんする初のエッセイが掲載されていた。これが決定的な出来事の発端となる。

それによればジェブランは、数年前、知人の家で、見慣れないカードゲームに興じる女性を目にしたという。ジェブランは、客の手もとにあるカードをチラリと見て、それがエジプト起源のものであり、古代の神官の叡知を伝えていると直感したという。

カードを一瞥《いちべつ》しただけでエジプトを想起するジェブランのインスピレーションは、かなり飛躍的だと思えるかもしれないが、その最大の要因は、当時のパリが空前のエジプト・ブームに沸いていたということだ。一七八一年といえば、フランス革命前夜である。キリスト教の権威が崩壊し、知識人たちは、キリスト教以前のはるか昔から存在するという、普遍的な叡知をたたえた古代文明を探し求めていた。それに古代エジプト文明がマッチしたのだ。

パルトルシャイティスの『イシス探求』を一読すると、当時のエジプト熱が相当なものだったことがよくわかる。たとえば、パリという地名は古代エジプト語で「イシスの船」の意味であり、ノートルダム寺院ももともとはマリアではなくエジプトの女神イシスの神殿であった、という説が取りざたされもてはやされた。モーツァルトの『魔笛』にエジプト風の儀式が登場し、ナポレオンがエジプトへ遠征したのも、このような空気と無関係ではない。

こうした時代を生きたジェブランは、多くの人々と同じようにエジプト熱にとらえられていた。彼にいわせれば、TAROTという名称は、古代エジプト語の「王の道」を意味する言葉のアナグラム（アルファベットの並べ替え）で、「女教皇」は「ヴェールをかぶったイシス」、「戦車」は「勝利のオシリス」なのだ。

ジェブランの説は、現代人が見てもファンタジックで魅力的ではあるのだから、当時、オカルトに傾倒していた知識人たちをどれほど喜ばせたかは容易に想像できる。こうしてタロット＝オカルト説は世に受け入れられていった。

「オカルト」とは何か

一七八一年以来、タロットはさまざまな神秘思想家やオカルト主義者たちの手によって秘教的な解釈が積み重ねられてゆく。

ただし、ここでいう「オカルト」とは、陰謀論からUFO、スプーン曲げ、恐怖映画や漫画まで、アヤシイものなら何でも取り込む概念のことではない。「オカルト」とは本来、「隠されたもの」を意味するラテン語である。宗教と科学が未分化であった近代以前には、オカルトはその両方の側面をもつ学問であり、自然の「秘密《オカルト》」の探求そのものであった。

ルネサンス期には、この世界には目に見える物質的な世界とその背後の（あるいは高次元に）不可視の霊的世界が存在し、この二つの領域を結ぶ隠された（オカルトの）法則があると考えられていた。そして、タロットはこの二つの領域全体をカバーする地図であると解釈されるようになった。ただしその地図を読むにはタロットの暗号を解読しなければならない。

こうした考え方が「オカルト的タロット」解釈である。現在の俗っぽいタロット占いも、こうしたタロット観を背景に生まれてきたのだ。ただし今では、こうしたタロットの「オカルト的」解釈は、二〇世紀後半になってからの実証的な研究によってほとんど否定されている。

まず注目すべき研究者は、ニューヨーク公共図書館の司書であったガートルード・モークレイだ。彼女はルネサンス期のミラノに由来を持つヴィスコンティ・スフォルザ・タロットと呼ばれる古いタロットに興味を持ち、研究に着手した。その成果が一冊の本にまとまったのは、一九六六年のことである。

やがて、分析哲学の大家として日本でも知られているマイケル・ダメットや、世界屈指のカードコレクターで、アメリカ最大のゲーム会社、USゲームズ社の社長でもあるスチュアート・R・キャプラン、さらには、生物学博士であり生態学の世界でも業績を残すロバート・V・オニール、美術史家でもあるロナルド・デッカーらが研究に乗り出し、タロットの歴史が少しずつ明らかにされていった。

一五世紀イタリアの貴族たち

彼らの研究成果で興味深いのは、一四五〇年頃になって、タロットと思しきカードが、通常のカードと明確に区別されるようになったことが明らかになったことだ。

たとえばイタリアのフランシスコ派の僧による説教の記録を参照すると、「サイコロ、カード、そして切り札」の三種のゲームが挙げられ非難されている。「切り札」には「教皇」や「皇帝」まで含まれ、これらを遊戯に用いることは神を愚弄することで悪魔の「発明」でもあるとまで糾弾されているのである。つまり、一五世紀半ばにはタロットらしきカードが誕生し普及していたのである。

また、ミラノに残るフレスコ画には、貴族たちがカードゲームに興じる様子を描いたものがある（次ページ写真）。作者は不明なものの、制作年代は一四四〇年頃とされている。

さらに、一四一二年から四七年までミラノ公の地位にあったフィリポ・マリア・ヴィスコンティがカードゲームを好み、とくに「神々などの寓意」が描かれたカードを買っていたことを、フィリポ付きの公式伝記作者ディセンブリオが書いている。「タロット」とは

ミラノ、ボッロメオ家の壁画に描かれた、タロット・カードで遊ぶ人々。
1440年代の制作

言及されていないが、恐らくこのカードは、今のタロットないし、それに近いものであったことは間違いないだろう。

すでに一五世紀の中頃には、ルネサンス文化を謳歌する貴族たちの間でタロットが一般化していたことが、これらの史料から言えよう。

貴族たちはタロットを、ギャンブルもしくはそれに類するゲーム用カードとして使っていたことは、多数の史料から判明しているが、現代のように占いに使っていたわけではない。そのことを示す間接的な証拠もある。それは、当時の人々がだれひとりとしてタロット「占い」というものに言及していないことだ。

たとえば、キリスト教の聖職者たちの説教を調べてみると、先にあげたフランチェスコ派のシエナのベルナルディーノや、イギリスのジョン・ノースブルックらが、「悪魔の発明」と強い調子でカードゲームを糾弾してはいる。しかし、占いを禁じる言葉は見当たらない。ご存じの方も多いと思うが、キリスト教は伝統的に占いや呪術を固く禁じている。もしもタロットが占いに用いられていたなら、聖職者たちが言及しないはずはないのだ。

さらに、チョーサーやシェイクスピアといった時代の風俗を盛んに作品に盛り込んだ文学者たちも、タロット「占い」については記述していない。

また、タロットの成立年代より一〇〇年ほど後になるが、一五三一年、魔術師にして神学者、人文主義者でもあるコルネリウス・アグリッパが、『オカルタ・フィロソフィア』というオカルトの一大事典を上梓《じょうし》している。後世にも大きな影響を与えたこの書物は、手相、人相、占星術、土占術などあらゆる占いを網羅している。しかし、タロットやカードを用いた占いについてはひとことも触れていない。

こうした事実は、タロット・カードが占いに用いられなかったことの有力な証左だ。タロット占いに神秘的なロマンを感じるファンにとっては、軽いショックを覚えるような事実かもしれない。

カードゲームの歴史

なお、カードゲームそのものと、それに使用するカードが生まれたのは、もちろん、タロット誕生よりずっと早い時代である。イスタンブールにあるトプカプ宮殿美術館には、イスラム文化圏で作られたカードが所蔵されている。剣、ポロのスティック、杯、コインという四つのスートから成る、元来は五二枚のカードであったとおぼしきこのデッキは、「マムルーク・カード」と呼ばれている。現存するものは一五世紀、トルコで製作されたものだと考えられているが、こうしたイスラム文化圏のカードは、一三世紀にまで遡る可能性があるという研究者もいる。

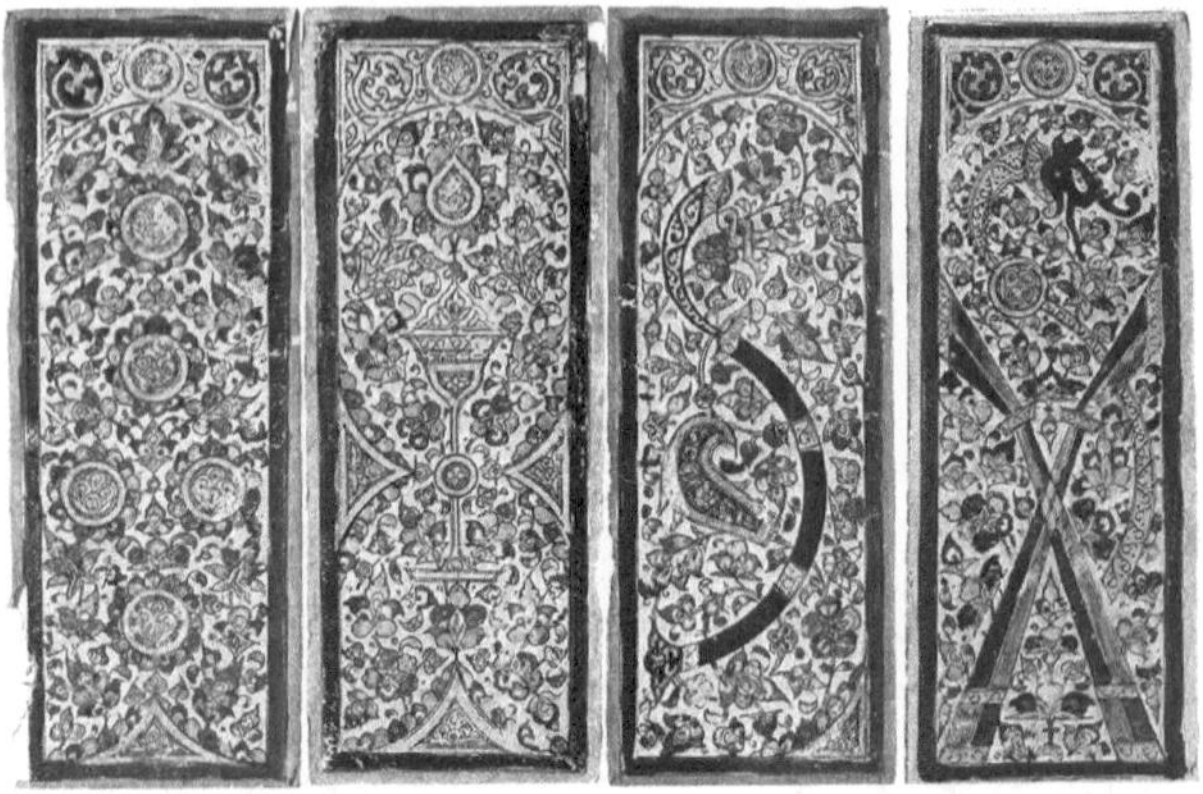

現存しているマムルーク・カードの一部（15世紀、トプカプ宮殿美術館）。左からコインの5、杯の1、剣の1、ポロ・スティックの5。タロットやトランプカードと同様、4つのスートを擁している

数札を中心とするゲーム用カードは、ルネサンス期以前の西ヨーロッパにも存在した。記録のうえでは、一三七〇年代以降、スイスやフランスなどでカードゲームを禁じる条例や説教などがいくつも見いだされている。このことから、一四世紀後半には、西欧にもカードがかなり普及していたものと思われる。

現在発売されている一般向けのタロット入門書を見ると、まず七八枚を一セットとするタロットが先行して存在し、そこから絵札が抜け落ちて今の「トランプ」が生まれたとされている。しかし、それは誤りだ。史料が示すかぎり順序は逆で、アジア起源のカードに絵札が加わり、現在のタロットとなったというのが正解なのである。

ヴィスコンティ・スフォルザ版タロット

二〇世紀後半の研究者たちが注目した、タロット草創期の一五世紀を代表するカードセット、ヴィスコンティ・スフォルザ・タロットは、スフォルザ家で最初のミラノ公となったフランチェスコ・スフォルザのために描かれたと考えられている。

ヴィスコンティ・スフォルザ版より。「女帝」（右）の衣装の腹部に「三重のリング」、「教皇」（左）の肩に「太陽」の紋章がそれぞれ見える

フランチェスコ以前のミラノ公は、ヴィスコンティ家が代々継承していたが、一四四七年にフィリポ・マリア・ヴィスコンティが後継者を指名せずに他界したため、フィリポ・マリアの庶出の娘、ビアンカ・マリアの夫であったスフォルザ家のフランチェスコが襲名を宣言した。

このカードの絵柄には、ヴィスコンティ、スフォルザ両家とゆかりの深いシンボルが見られる。たとえば、「女帝」などに見られる三重のリングは、スフォルザ家の紋章であり、「恋人」

「教皇」などに見られる小さな太陽の印は、ヴィスコンティ家の紋章だ。

このタロットの成立年代は一四五〇年頃とされ、現在一一セットが残っている。残念ながらどのセットにもカードの欠落が見られるが、最も完全に近いものがヴィスコンティ・スフォルザ版として復刻され、今も市場に流通している。

タロット・カードの研究家のなかで、最も詳細に記録をたどり、実証的な歴史研究成果を残しているのは、イギリスの著名な分析哲学者のマイケル・ダメットである。

彼は、ヴィスコンティ・スフォルザ版の解説書で、以下のように述べている。


（タロットについての）記録文書と現存するカードは、一五世紀の終わりには、タロットのゲームがヴェネチア、ミラノ、フィレンツェ、ウルビノに囲まれた四辺形の地域のほとんどの都市で知られていたことを示している。ゲームが特にさかんであったのは、ボローニャ、フェラーラ、ミラノであり、カードが存在していた最初期の記録が見いだせるのも、これらの都市においてであった。たしかな根拠のある、最古の記録はボローニャでの、一四五九年のものだ。ミラノからは最古の現存するタロットが見いだせる。それはヴィスコンティ・スフォルザ版にきわめて近い、ふたつの手描きのパックである。これはかつての所有者の名をとってブランビリア版と言われ、現在はミラノにある（マイケル・ダメット

『ザ・ヴィスコンティ・スフォルザ・タロットカード』)。

ダメットによれば、タロットの成立年代は一四二〇〜五〇年で、場所は、フェラーラか、あるいはミラノ、ボローニャだという。ミラノ由来の最古のタロットは、みな手描きで、金色を惜しげなく用いた豪華なものであり、ルネサンス期の貴族に愛用されたことをうかがわせる。

ここでタロットマニアの方なら、首を傾《かし》げる向きもあるかもしれない。過去に出たタロットの入門書には、「現存する最古のカードは、パリの図書館にある一七枚のカードで、一三九二年頃にフランスのシャルル六世のために描かれた、ジャックマン・グランゴヌール版と呼ばれるものである」という記述が散見されるからである。しかしこのカードは、その後の時代考証によって、一五世紀から遡るものではないことがわかっている。

アレゴリーによって描かれた絵柄

もともとタロットが貴族たちのゲーム用カードだったという視点から、改めて絵柄を見てみると、大アルカナと呼ばれる絵札の神秘的な絵も、まったく違う意味を帯びてくる。

ゲーム用カードとして大切なことは、そこに描かれている図像が、一部の人にしかわからないような「秘儀的」なものではなく、「万人向け」であることだ。ゲームで用いる以上、初めて見た人でもそれが何の絵であるかわからないと話にならない。要するに、ゲームにおける絵札の絵柄として選ばれたのは、タロットが生まれた当時、少し教養がある者なら、誰しも理解できるモチーフだったということである。

それらのモチーフは、当時大流行していた寓意（アレゴリー）の文法にそって描かれた。アレゴリーとは、「他のものによって話す」というギリシア語の「アレーゴリア」を語源とする。あるものを直接的に表現するのではなく、他のものによって暗示的に表現するという意味で、この手法を用いた文学作品や芸術作品が多数生み出された。

たとえば、「死」は骸骨として、「正義」は剣と天秤を持つ女性として、勇気は獅子として表される。これらはいずれも西洋の寓意画の典型的なモチーフである。同じモチーフを使って絵画や彫刻が多数作られ、そうしたものに囲まれていた当時の人々の目には、ありふれた記号の集積と映ったはずだ。

問題は、数ある寓意のなかから、なぜこれらの絵柄が選ばれたかということだ。

何らかの体系を反映しているのか、それとも、ランダムに図像を追加して、ギャンブルゲームを複雑にしたのだろうか。

タロットに「体系」はあるのか

たしかに初期のタロットのセットのなかには、明確な世界観をもっているものもあった。「マンテーニャのタロット」というものが、それに該当する（マンテーニャとは、有名な画家アンドレア・マンテーニャのことだが、このタロットの作者ではない。一時、このタロットの画家が彼であると考えられたために生まれた俗称である）。

マンテーニャのタロットは五〇枚セットで、AからE（あるいはS）までのスートから構成される（表2）。

このカードがどのように用いられたのかははっきりしないが、英仏の美術史家セズネックの著書『神々は死なず』によれば、ダンテやトマス・アクィナスの宇宙論を集約したものであり、神学者が加わって考案されたと推測されている。

Eシリーズは地上的な身分や地位、Dシリーズは技芸、Cシリーズは学問、Bシリーズは徳目、Aシリーズは天界の要素を示す。これら五つのスートが、下界から天界へといたる一連の梯子《はしご》のような構造になっている。さらに、カードの一枚一枚が、梯子の一段一段に当たる。かくして下界の最下層にいる「物乞い」は、次の段階で「召使い」となり、その次には「職人」となり、やがて技芸、学問、徳目を身につけて天界へと足を踏み入れ、最終段階では「第一作因」すなわち「神」へといたるのである。

ただし、現在のタロットの直接的なルーツであると考えられるヴィスコンティ・スフォ

表2　マンテーニャのタロット

EあるいはSシリーズ＝職業

① 物乞い
② 召使い
③ 職人
④ 商人
⑤ 紳士
⑥ 騎士
⑦ ドージェ（共和国の総督）
⑧ 王
⑨ 皇帝
⑩ 教皇

Dシリーズ＝アポロとミューズ

⑪ カリオペー（英雄詩）
⑫ ウラニア（天文）
⑬ テルプシコラ（舞踏）
⑭ エラト（恋愛詩）
⑮ ポリヒュムニア（聖歌）
⑯ タレイア（音楽一般）
⑰ メルポメネ（悲劇）
⑱ エウテルペ（横笛、伴奏）
⑲ クレイオ（歴史）
⑳ アポロ

Cシリーズ＝人文科学

㉑ 文法
㉒ 論理学
㉓ 修辞学
㉔ 幾何学
㉕ 代数学
㉖ 音楽
㉗ 詩学
㉘ 哲学
㉙ 天文学（占星学）
㉚ 神学

Bシリーズ＝宇宙の原理

㉛ 太陽の精霊
㉜ 時間の精霊
㉝ 世界の精霊
㉞ 節制
㉟ 忍耐
㊱ 力
㊲ 正義
㊳ 慈悲
㊴ 希望
㊵ 信仰

Aシリーズ＝宇宙の要素

㊶ 月
㊷ 水星
㊸ 金星
㊹ 太陽
㊺ 火星
㊻ 木星
㊼ 土星
㊽ 第八天球
㊾ 原動点
㊿ 第一作因

マンテーニャのタロットより「詩学」

ルザ版など、一五世紀のルネサンス期に作られたタロットにはカードに番号がふられていないし、このような明確なコスモロジーをひと目で見いだすことは難しい。そのため一八世紀後半以降、タロットの「真の順序」をめぐってさまざまな憶測が飛び交い、オカルト的解釈を許すことになるのであるが、二〇世紀後半からの実証的な研究では、どのように考えられてきたのだろうか。

未完の詩『凱旋』とタロットの絵柄

最初に実証的研究を行ったガートルード・モークレイは、タロットの絵札の構成を初期ルネサンスの詩に求めた。人文主義者として名高いフランチェスコ・ペトラルカの未完の詩『凱旋』（ないしは『勝利』、一三五〇〜七〇年頃）が、絵札に採用された寓意の源泉であるとの説だ。

詩のタイトルである「凱旋」とは、ローマ時代に行われた勝利のパレードだ。戦争に勝利した将軍が、山車で町を練り歩き、町衆がその栄誉を讃えるというものである。

ルネサンス期にはこの「凱旋」が復活し、流行した。宗教的なものもあれば、為政者の入城や戴冠などを祝うものもあった。ルイ一二世のミラノ入城に際しては、「ローマのいにしえの習慣にならって」華やかなパレードが行われた。山車には「力」「賢明」など、タロットの絵札に共通する寓意像が載っていたという（「賢明」は、フィレンツェのミンキアーテ版タロットには入っている）。

ペトラルカの『凱旋』には、「愛」「純潔」「死」「名声」「時」「永遠」という順番で六つの寓意が登場する。後に出てきた寓意が直前の寓意を打ち負かし、取って代わりながら凱旋の行進をする。たとえば、「愛」は「純潔」に、「純潔」は「死」に、「死」は「名声」に打ち負かされる。こうした場面は、画家たちによってイメージ豊かにヴィジュアル化されていった。これが絵札のルーツになっているのではないか、とモークレイはいうのである。

ペトラルカの『凱旋』は元来、文字だけだったが、のちに美しい挿絵が添えられるようになってゆく。それらを見ると、タロットの絵札との共通点が認められることは事実だ。

しかしながら、『凱旋』のモチーフとタロットの絵札とが合致するのは一部だけで、合致しない絵札も多々ある。その意味では説得力に乏しく、モークレイの説をそのまま受け入れている人は少ない。

とはいえ、タロットの絵札の源泉を初めて文化的伝統のなかに見いだしたという点で、モークレイの説は評価に値する。また、ペトラルカの『凱旋』も、タロットの絵札のモチーフも、いわばルネサンスという土壌から生まれたものだ。それを思えば、両者に類似点が見られるのはきわめて自然なことではないだろうか。

ペトラルカ『凱旋』（16世紀の写本）の挿絵、左上から時計まわりに「愛」「純潔」「死」「名声」の挿絵

前掲のマイケル・ダメットは、タロットの絵札の構成には、統一的な世界観は存在しないと考えている。これには、さまざまな人物が反対意見を唱えているが、すべての人を納得させるほどの強力な反論はいまだ存在しない。

とはいえ、大量の寓意のなかから特定のものが選ばれ、絵札とされた理由がまったくなかったとは考えにくい。この点において、タロットの起源は今なお謎に包まれている。

印刷の時代へ

草創期には貴族たちの優雅な遊びであり、その財力を映し出す贅沢品であったタロットも、時代が下るにつれて身近な存在へと変化していった。

その流れを後押ししたのが、印刷されたタロットである。

貴族の財力に支えられ、手描きの細密画として作られていたタロットの時代から五〇年もすると、木版でカードが作られるようになり、一五世紀後半以後には銅版が登場する。銅版は木版よりも精緻な細工ができるため、一六世紀にはさらに広まっていった。ルネサンス期にドイツで活躍した画家アルブレヒト・デューラーの精緻な作品も伝わっている。

銅版以前の木版によるタロットも、世界中の博物館や図書館にかなりの数が残っている。ニューヨークのメトロポリタン美術館に残っている一五〜一六世紀のものは、欠落があるものの、今とほとんど変わらないデザインだ。

七八枚の図像すべてが残っているものもある。一五世紀後半のフェラーラないしヴェネチア起源とされ、ミラノのソーラ・ブスカ家が所蔵していたタロット「ソーラ・ブスカ」である。消えていた現物が発見され、二〇〇九年にミラノのブレラ美術館が購入している。研究史料として貴重なものだ。

このタロットには、興味深い点がいくつもある。まず、いわゆる小アルカナに、大アルカナのような絵札が含まれていること。また、二二枚の絵札（大アルカナに該当する）には主にローマ時代の戦士や軍人が描かれ、「勝利のカード」と呼ばれていること。それらの絵柄は、現在のタロットとはまったく異なり、「愚者」を除いてはことごとく一致しない。このデッキが重要なのは、二〇世紀に七八枚すべてを絵札化させたことでタロットに革命を起こしたウェイト=スミス版の小アルカナの絵柄の源泉となった点である。数札のいくつかは単なる記号的なデザインではなく、寓意画めいたものになっており、うちいくつかはウェイト=スミス版と酷似する。

また、ワシントンのナショナル・アー

ソーラ・ブスカ版より「剣の3」。ウェイト=スミス版（第四章P.288参照）と絵柄が酷似している

ミンキアーテ版の「力」

ト・ギャラリーには、おそらく一六世紀初頭のものと思われる「ローゼンヴァルド・コレクション」がある。「愚者」を除いた二二枚の絵札が一枚のシートに印刷され、裁断される前の状態で保管されている。

このカードのなかで、とりわけ興味深いのは「力」の絵柄で、女性が円柱とともに描かれている。よく知られている「力」の絵柄は、マルセイユ版やウェイト版に見られるように、女性がライオンの口を押さえ込むものだ（第四章230ページ参照）。しかし、女性と円柱の絵柄のほうが、当時「力」の寓意としては一般的だった。カードには数字も描き込まれているが、その順序は現在のタロットとはかなり異なる。また、製造過程でのミスなのか、ときにローマ数字が反転して入っている。このようなミスは、カードが相当普及して、文字の読めない大衆にも用いられていたことを思わせる。

こうして一六世紀には、カードメーカーがイタリアやフランス、スイスの主要都市にも生まれるようになり、タロットがさまざまな都市へと広がっていった。

マルセイユ版の誕生

イタリアのルネサンス期で貴族の遊びとして生まれたタロットは、大量生産が可能な版画で製作される時代になると、庶民にも広がってゆく。木版画のタロットが主流となり、現在のタロットに見られるような絵柄が次第に定式化してゆくのである。

地域のうえではイタリアのミラノやピエモンテがフランスに征服されたことを機に、一五世紀末から一六世紀初頭にタロットはフランスへと流入し、フランスでも盛んに製作されるようになった。

木版画のタロットというと、タロットに少しでも親しんでいる方であれば、反射的に「マルセイユ版」タロットを想起されるのではないだろうか。

ここで60ページの図版を見ていただきたいのだが、みなさんがタロットと聞いてすぐに思い浮かべる絵柄は、このようなものではないだろうか。このようなパターンのタロットは現在、世界中で広く用いられている。のちに述べることになる二〇世紀初頭に誕生した「ウェイト=スミス版」とその系統を除けば、このマルセイユ版とその系統のデッキが間違いなく世界で最も普及しているタロットであろう。

マルセイユといえば、フランス南東部にある有名な港町だ。ここがカードの主な生産地になり、世界中に広がっていったある共通の構図を持つタロットの総称として「マルセイユ版」という名前が用いられていると、これまで広く伝えられてきた。

しかし、この「マルセイユ版」という名称は、誤解を招きやすい。「マルセイユ」版というと、あたかもこのデザインのタロットがマルセイユ発祥であるような印象を与えることになるからだ。

実は、「マルセイユ版」という名称が広く用いられるようになったのは、一九三〇年代のことだ。フランスのカードメーカーであるグリモー社が、マルセイユで活動していたカード製作者ニコラス・コンバーが一七六〇年に製作したタロットに、多少の修正を加えたうえで、製作者にちなんで「マルセイユのタロット」として復刻、出版したのである。このセットは大ヒットし、以後、「マルセイユ版」の名称が普及、定着してゆくことになる。

しかも、「マルセイユ版」として知られるデッキは、このコンバーのものが最初というわけではない。

マルセイユ版の一つとしてみなされているものに、ジャン・ノブレなる人物が製作したタロットがある。現在、パリの国立図書館に保存されており、マルセイユ版と呼ばれるタロットの最初期のもののひとつだとされている。ただし、このタロットは、マルセイユではなく、パリで製作されている。また、ジャン・ドダルのタロットもマルセイユ版としてよく知られているが、これはリヨンに由来するものである。

つまり、マルセイユ版タロットは、残念ながらマルセイユで生まれたものではないのである。

では、「マルセイユ版」と総称されるようなデッキはどこで生まれたのか。その問いへの答えには、イェール大学のベイネッキー図書館に所蔵されている、切り離される前の木版画のタロットのシート（カーリー・イェールシート）がひとつの重要な根拠を与えてくれている。

一五世紀に遡るそのシート（次ページ）を見ると、たとえば「月」のカードでは天空に月が輝き、下からザリガニが這い出しているし、「星」のカードでは、水辺に立つ裸の女性が壺から水を注いでいるなど、「マルセイユ版」と類似した構図を認めることができる。マルセイユ版のルーツとしてこのシートを位置づけることは十分に可能だと思われるが、このシートがどこで製作されているかといえば、異説はあるもののミラノなのである。つまり、マルセイユ版タロットの起源は、マルセイユはおろか、フランスでさえなかった可能性が高いわけである。

ただし、このシートが完全な「マルセイユ版」そのものだと言い切ることはできない。残念ながら破損しているため、そのすべてを見ることはできないが、「悪魔」とおぼしきカードを見てみよう。

現在、マルセイユ版として知られるタロットの「悪魔」を見ると、コウモリの翼と角を持つ大悪魔のもとに、二匹の小悪魔が繋がれている様子が描かれている。しかし、イェール大学のシートに見られる「悪魔」は、手にした槍ないし巨大なフォークで地獄に落ちたとおぼしき人間を串刺しにしており、背負ったカゴには犠牲になった人間たちが詰め込まれているのである。

カーリー・イェールシートの「月」と「星」。下段に「悪魔」（15世紀、イェール大学図書館）

マルセイユ版より「悪魔」と「月」

これは構図としては「マルセイユ版」のそれとは大きく異なっている。

つまり、このような「原マルセイユ版」がイタリア、おそらくミラノあたりで発祥し、遅くとも一七六〇年にはパリで現在のかたちとなり、二〇世紀になってから「マルセイユ版」という魅力的な名前が与えられ、世に広まっていったというのが実情なのであろう。

さらにいえば、「マルセイユ版」も「総称」であるからには、何種類もあるのだ。「マルセイユ版」は、「タイプI」「タイプII」と、大きくふたつに分類されている。たとえば「月」は、タイプIでは月の顔が真正面を向いているが、タイプIIでは横顔になっている、などである。

もっといえば、木版画のタロットはマルセイユ版だけではない。有名なのは一八世紀を中心にフランス東部、ドイツ西部、スイスなどで製作されていた「ブザンソン版」系のもので、教会の目を恐れたのか、「女教皇」「教皇」の札が「ジュノー」「ジュピター」に置き換えられていることも多い。一見、よく似ているように見える古い木版画のタロットの細部をじっくり研究していくことも、またタロットの楽しみ方のひとつだ。

こうして木版画のタロットはヨーロッパ中に広がっていくことになる。ただし一五世紀にはアラブ経由の最新の「舶来の遊び」として貴族たちが興じたタロットであるが、一八世紀後半にはしだいにあまりに庶民的で、上等なものだとはみなされない、田舎臭いものになっていたようである。タロットはイタリアやスイスではいぜん普及していたが、文化の中心地であったパリではすたれていたようなのだ。

だが、実はこのダウントレンドが次の大きなタロットの変容、飛躍のきっかけになったというのが歴史の皮肉の面白いところである。タロットの空隙地帯であったパリで、タロットは新たな衣装をまとって再登場することになる。次章ではそのことをお話ししよう。

第二章　神秘化したタロット

エジプト起源説

第一章の冒頭でも述べたとおり、一七八一年にクール・ド・ジェブランが『原初世界』第八巻を出版して以来、タロットはエジプト起源の「秘教的」なものであるという説が巷間に流布していった。パリでタロットがすたれていたからこそ、ジェブランはその見慣れないカードに、秘密めいた魅力を感じたのである。ここで「オカルト的」という言葉を使ってもいいのだが、昨今の学問的用語として「秘教的」という言葉を用いたい。

「秘教（エソテリシズム）」とは、辞書的な解釈では「選ばれた者だけに授けられる深遠な教え」を意味する。公共性が高く、大っぴらに分かち合える教えとは異なり、たとえば師から一部の弟子へなど、秘密裏に儀式や奥義が継承されていくものだ。かつて古代ギリシアでピタゴラスが創設した教団が、外部に教えを漏らさなかったことや、教団内でも教育が終わった者だけに奥義を授けたことに由来する言葉だと言われている。

よく言われることだが、ヨーロッパの文化はユダヤ・キリスト教（ヘブライズム）とギリシアの思想（ヘレニズム）という二つの潮流から成りたっている。とくに西ヨーロッパではキリスト教が精神性の中心を占めることになった。キリスト教こそが真理にいたる道だと考えられたのである。しかし、ギリシアにはプラトン、ピタゴラスといったキリスト教よりも以前の賢人たちがいる。彼らはキリスト教を知らなかったはずなのに偉大な思想の足跡を残している。また神人ヘルメスが残したとされる謎めいた文書もまたキリスト教以前の叡知を伝えるものだと考えられていた（実際にはキリスト時代よりあとのものなのだが、古いものだと誤解されていた）。これは一体どうしたことなのか。

そこでルネサンス頃になると、キリスト教と矛盾しない、秘密の教えが過去から伝えられていたのだという考えが生まれた。そしてこの永遠の秘密の教えに接近しようという人々が現れる。こうした神秘的な傾向をもつさまざまな思想、宗教運動の総体を「秘教」と呼ぶようになっている。

ジェブランの肖像

この「秘教」は、今では二〇世紀後半になってオランダのアントワーヌ・フェーヴルらを中心とした学者たちによって今ではれっきとした学問の対象である。

一九世紀末から、タロットは、さまざまな思想や宗教に共通する秘密の真理を内包し、その真理に接近するための「書物」にして「道具」であり「暗号」であるという見方が生まれた。これによってタロットが神秘化されて多くの人を惹きつけ、さまざまな展開を見せることになるのだが、この現象は、まさにタロットが「秘教」化したことを意味する。そして、その嚆矢《こうし》となったのが、第一章の冒頭で取り上げたジェブランなのである。

ジェブランによると、タロットはもともと古代エジプトの書物であったものが、古代エジプト文明の崩壊後に、遊戯用カードに偽装されて後代に伝わったものであるという。前述したようにTAROTという言葉も古代エジプト語で「王の道」を意味し、たとえば7の「戦車」は「オシリスの勝利」であり、18の「月」に描かれている水はナイル川、15の「悪魔」は神話の化け物ティフォンなのであった。

また、この『原初世界』にはもうひとり、コント・デ・メレという人物が、タロット＝エジプト起源説にもとづく記事を寄稿している。重要なのは、メレが、タロットの前身が「トートの書」という古代エジプトの秘教的文書であると解釈したことだ。エジプトの神トートとは、ギリシアの知恵の神ヘルメスと同一視される神で、文字や文明の発明者とされる。これにより、タロットが古代のエジプトの叡知の暗号であるというイメージが固められたのであった。

初のタロット占い師

ジェブランやメレが唱えたエジプト起源説に影響を受けた、史上初の職業タロット占い師、それがエテイヤである。本名はジャン＝バプティスト・アリエッテ。エテイヤとは、本名を逆に綴った筆名だ。このようなアナグラム（綴り変え）は、当時のオカルト主義者のペンネームによく見られるものだ。

むろん、占いそのものの歴史は長く、有史以前に遡ることになるだろう。だが、面白いことにカードが占いに使われるようになったのは比較的最近のことで、ジェブランの時代のころに、タロットではない、いまのトランプのルーツであるカードが占いに使われるようになったと考えられている。タロットがいつ占いに用いられるようになったのか正確なところを探るのは難しいが、おそらくはこの時代に、ジェブランによるタロット＝エジプト起源説が大きな後押しとなって、タロットの占いが人気になっていったのだろう。

エテイヤの肖像

エテイヤは、ジェブランの著作と出合う以前からカード占い師として活躍しており、印刷業、出版業にもかかわっていた。『原初世界』第一巻が出版される前年の一七七〇年には、自らカード占いの入門書を出している。もちろん、タロット占いの実用書ではない。

ピケと呼ばれる三二枚セットの数札にかんするものであった。

そして一七八三年にエテイヤは、一冊の本を世に送り出した。それが『タロットと呼ばれるカードによって楽しむ方法』である。この書物は、タロットの秘教化に決定的な影響を及ぼすことになった。

ジェブランに感化されたエテイヤもまた、タロットはゲームではなく、エジプトの叡知を集約した書物であると考えた。彼のいささか空想的な説によれば、オリジナルのタロットは黄金の板に刻まれ、メンフィスの神殿に安置されていたという。さらには、聖書が伝える大洪水から一七一年目に、エジプトの神ヘルメス・トリスメギストスによって選ばれた神官たちが、タロットを発明したとまで自著で述べている。

ヘルメス・トリスメギストスとは、「三重に偉大なヘルメス」の意味で、前述した知恵の神ヘルメスとトート神が同一視され、新たな名を得たものだ。むろん神話上の存在ではあるが、のちに伝説的な実在の人物とみなされ、たとえば、ヘレニズム時代（前四世紀〜前一世紀）を中心に生まれた「ヘルメス文書」と呼ばれる膨大なテキスト群は、このヘルメス・トリスメギストスによって書かれたと、当時は信じられていた。

エテイヤによれば、自分たちが目にするタロットは、その順序も図像も、オリジナルを著しく損ねたものだという。たとえば「世界」は、二一番目ではなく五番目のカードで、そのタイトルは「旅」が正しいとした。彼は、七八枚のカードすべてに番号をふり、ひと続きのものとした。「愚者」は無番号ではなく七八番目に置いた。また、1から7までのカードを聖書における世界創造のプロセスに関係づけた。エテイヤはこのプロセスを、ヘルメス思想の重要文献である『ピマンデル』（イタリアの人文主義者マルシリオ・フィチーノによる「ヘルメス文書」のラテン語訳）とも関連づけている。

また、「世界」に描かれる楕円形の花輪は本来、自分の尾をくわえる「ウロボロスの蛇」で、そのなかにはピラミッドが描かれていなければならない、と主張した。エテイヤの周囲にはオカルティズムに関心を持つ人々が集まりサークルを作っており、なかにはユダヤ神秘主義カバラに関心を寄せる人物もいた。

エテイヤらはジェブラン、メレらのエジプト起源説に依拠しつつ、カバラ的解釈を施しながら独自にタロットのオリジナルな姿を再現しようとした。

現在「エテイヤ版」と呼ばれるカードは、このような

エテイヤ版タロット

経緯で生まれた。そのため、順序も絵柄もスタンダードなタロットとはまったく異なるものになっている。カードが美しいために人気はあるが、日本語はおろか英語でも詳細な解説書がなく、実際に使っている人は少数派ではないだろうか（最近、これまでダメットと同じく実証的で非オカルト的タロット観に基づいた著述をしていたロナルド・デッカーが、タロットの中にあるカバラ的要素を再発見する説を提唱し注目を集めている。その書では比較的厚くエテイヤが扱われているのでエテイヤの再評価も高まるかもしれない）。

一方で、当時の一般社会の「エジプト熱」は、それほど長くは続かなかった。ジェブランの『原初世界』第八巻が世に出た一八年後の一七九九年、エジプトでロゼッタストーンが発見され、それをもとにシャンポリオンがエジプトの神聖文字を解読したことにより、古代エジプトの実態が明らかになり夢想が破られたからである。

現在ではタロットはエジプト起源のものではないこと、TAROTという言葉も古代エジプト語とは関係がないことがはっきりしている。

それでもなお、タロットと古代エジプトとを結びつけるという幻想は生き残った。

その後エテイヤよりもより影響力を持った学識ある人物によって、タロットが秘教的、オカルト的なものであるという、大いなる幻想が強固なものとなる。隠秘思想家にしてロマン派詩人、ならびに正真正銘の魔術師であるエリファス・レヴィだ。

タロットを高等魔術にしたエリファス・レヴィ

近代魔術の父と称されるエリファス・レヴィとは、どのような人物だったのだろう。

本名をアルフォンス＝ルイ・コンスタンといい、一八一〇年、靴職人の息子としてパリに生まれた。一五歳で神学校へ入学し、一八三五年には助祭に任じられるが、その翌年に恋をして学校を出奔《しゅつぽん》する。レヴィことコンスタンの神秘主義的傾向は、一〇代からすでに認められ、フランツ・アントン・メスメルが唱えた「動物磁気」とともに、世界の終末が迫っているという千年王国論（ミレナリズム）に惹かれた。またのちに霊界探訪で有名なエマヌエル・スヴェーデンボリの著作に親しんでいたという。

エリファス・レヴィの肖像

一八三八年頃には社会主義思想に触れ、急進的な主張を説いたパンフレットを配布し、投獄されたこともある。だが、キリスト教を捨てたわけではなく、一八四一年には革命思想と神秘思想が混ざりあった『自由の聖書』なる著作を発表した。これが聖書の内容を歪曲するものとみなされて逮捕され、八ヵ月にわたる収監生活を送った。

コンスタンは、神学と社会主義と神秘主義が一体となったような社会を理想としていたのかもしれない。その理想が、「魔術」に収斂《しゅうれん》していったのではないか。

一八五三年、コンスタンは、自らの名前をヘブライ語訳して「エリファス・レヴィ」と名乗るようになり、その名では最初の著作となる『高等魔術の教理と祭儀』という二巻本を出した。これに続いて、一八六〇年には『魔術の歴史』を、一八六一年には『大いなる神秘の鍵』を発表した。この三部作は、近代オカルト運動の礎石であると同時に、ボードレール、リラダン、マラルメ、イェイツといった象徴派の詩人や、ジョイスやブルトンなどの現代作家にも影響を与えているという。

魔術といえば、現代では悪魔を呼び出すなどの胡散《うさん》くさいものと思われているが、レヴィにとっては魔術こそがまさに科学であった。

レヴィの言葉によれば、キリスト教の根底に愛があるように、魔術の根底には「学」がある。彼によれば、魔術は、この世を統べるメカニズムを解明した体系のひとつで、神秘的ではあるが、人間の知性ないし理性によって扱うことのできるものなのだ。だからこそ『高等魔術の教理と祭儀』の序章で、レヴィは魔術が万能であり、森羅万象を操り、不老不死をも可能にすると、熱っぽく語っている。

レヴィをはじめとした魔術師たちは、ユングやエリアーデそして今日の科学者の一部と同様に、世界（宇宙）には絶対的なひとつの真理（永遠の哲学）があると考えた。

レヴィは、『高等魔術の教理と祭儀』のなかで、タロットについてこう述べている。

「これこそは根元的な書物、あらゆる予言あらゆる教義の鍵、一言でいえば諸々の霊感の書物に霊感を授けた書物」（『高等魔術の教理と祭儀』人文書院）

「一冊の本も与えられずに牢屋の中に閉じ込められても、たまたま『タロット』を持ち合わせていて、そしてその使い方を心得てさえいたならば、数年のうちに彼は、宇宙全般にまたがる知識を手に入れて、万事にかんして比類ない理論と尽きない雄弁をもって語れるようになるであろう」（同前）

少し補足すると、ヨーロッパでは「自然」を神が書かれたもう一つの書物、「聖書」とは別の偉大な書物であるとみなす伝統があった。ガリレオやニュートンもこの考えにたって自然を「読もう」としていた。おそらくレヴィはこの伝統を受けてタロットを一つの「綴じられていない本」として読もうとしたのである。彼は、タロットを一つの知の体系を持った「書物」として、他のゲーム用カードとの差別化を図り、特別視した。

また、レヴィがタロットに重きを置いていたことは、『高等魔術の教理と祭儀』の上下巻がそれぞれ二二の章から成り、大アルカナの枚数と一致していることからもうかがえる。さらに、各章にはタイトルのほかにヘブライ文字が一文字ずつ配されている。

レヴィがヘブライ文字を各章に配したのは、ユダヤ教の秘教的思想、実践体系である「カバラ」を魔術の根幹に置いていたからだ。

カバラとタロット

カバラという言葉は、ヘブライ語で「受け取られたもの」「伝承」を意味する。伝説的には、シナイ山でモーセが啓示を受けたのち、明文化できない部分を口伝したものがベースとなり、カバラが生まれたなどといわれている。

もっとも、これは伝説である。本来「カバラ」という語は、現在のヘブライ語で「領収書」を意味することでもわかるように、「受け取る」といったごく一般的な用語であったのだが、一二世紀の南フランスで、ある特定の秘教的思想を指す用語として用いられるようになった。旧約聖書などの深層の意味を解釈することで、神とこの世界の真実の秘密に接近しようとするのがカバラとされたのだ。

もちろん、カバラはユダヤ教の内部から生まれたものなので、当初はユダヤ人のものであったが、一五世紀のルネサンス期に、人文学者ピコ・デラ・ミランドラをはじめ、キリスト教徒でありながらカバラ思想を取り入れる流れが生じた。「キリスト教カバラ」である。彼らは、カバラはキリスト教と対立するものではなく、むしろキリストの教えを真に解き明かすものだと考え、キリスト教の枠内でカバラを展開させた。また、一六世紀にはいくつかの主要なカバラ文献がラテン語に訳され、ユダヤ人ではない人々の間にもその知識が広まることになった。

レヴィのヘブライ語の教養は、だいぶ心もとないものであった。二〇世紀ユダヤ学の権威ゲルショム・ショーレムは、レヴィや、のちに少し触れるクロウリーら近代オカルト運動における「カバリスト（カバラを信奉する修行者）」を〝山師〟と一刀両断にしている。一方では、ラテン語訳カバラ文献「カバラ・デヌダータ」などから、レヴィはカバラの知識に間接的にアクセスでき、もちろん限界はあるものの、中世ユダヤのカバラと連続性があると考える、とレヴィを再評価する研究家が最近出てもいる。

カバラと文字信仰

カバラに特徴的な思想は、たとえば神秘的な宇宙創造論、神の両性具有性、輪廻の教義などいくつもあるが、なかでも特筆すべきは、言葉や文字に関する信仰であろう。

カバリストたちは、ヘブライ文字のひとつひとつに深遠な意味があると考えている。レヴィがタロットを「解読」する体系として、とくにカバラに惹きつけられたのは、カバラの技法のなかに、こうした暗号解読の方法論が確立されていたからだろう。そこで二二枚の切り札を二二文字のヘブライ文字に対応させ、個々の文字に秘められた意味から、カードを解読しようとしたのである。

ヘブライ文字に宇宙創造の鍵が秘められているというのは、カバラの中心的な教義である。たとえば、創造主の御名を示す「YHVH」は、みだりに唱えてはならないと神聖視している。神の御名には、宇宙創造の偉大なる秘密が隠されているからだ。

レヴィによれば、この聖なる四文字「YHVH」は、ラテン文字の「TARO」に置換できるという。ヘブライ文字は、ひとつひとつに特定の数字との対応関係がある。そのため、「YHVH」をなんらかの暗号とみなした場合、文字を数字に変換し、それをまた一定の法則にもとづいて加減乗除していけば、別の単語にたどりつく。このようにして聖書などの深い秘密の意味を解くことで、宇宙を織りなす真理までもが読み解ける。もちろんタロット自体も、この偉大な真理を内包していると、レヴィは言う。

生命の樹

カバラでは一二世紀まで起源をたどれる「生命の樹」という図が重視されることが多く、とりわけタロットの秘密を「解読」するうえで重要な役割を果たす。この図は、神が宇宙を創造したときのモデルとされ、一〇の天球（セフィラ、複数形はセフィロト）と、それらを結ぶ二二本の径（パス）からなる。絶対的に不可知の神的な光の源から、まずは最初の天球「ケテル（王冠）」が形成され、そこからさらに光が流出して二番目の天球「ホクマー（知恵）」、三番目の天球「ビナー（理解）」を形成し、最終的にこの世界を意味する天球「マルクト（王国）」を作り上げる。

このように、天上から地上へと神の光が流れていくわけだが、カバリストたちは、修行によってこの流れを逆にたどり、天界へ向けて上昇することが可能だと考えている。つまり、人間界であるマルクトから天界のケテルまでの各段階を往き来できるというのだ。それは、天地創造の秘儀を含む宇宙の理《ことわり》すべてをわがものとすることでもある。

レヴィは、この「生命の樹」とタロットを対応させようとした。『高等魔術の教理と祭儀』教理篇の第一〇章を参考に、彼の考えを紹介してみよう。

まず、二二枚の大アルカナは、ヘブライ文字の二二文字に対応させた。レヴィによれば、1は「奇術師」で、そのポーズはヘブライ文字のAに当たる「アレフ」をかたどっているという。レヴィに特徴的な配当としては、マルセイユ版では無番号の「狂人（愚者）」をヘブライ文字の「シン」に対応させ、20の「審判」と21の「世界」の間に置いたことだ。

一七世紀のイエズス会士で、自然科学者でもあり、ヒエログリフの研究と解読にも取り組んだことで知られるアタナシウス・キルヒャーは、二二のヘブライ文字を天使や天体な

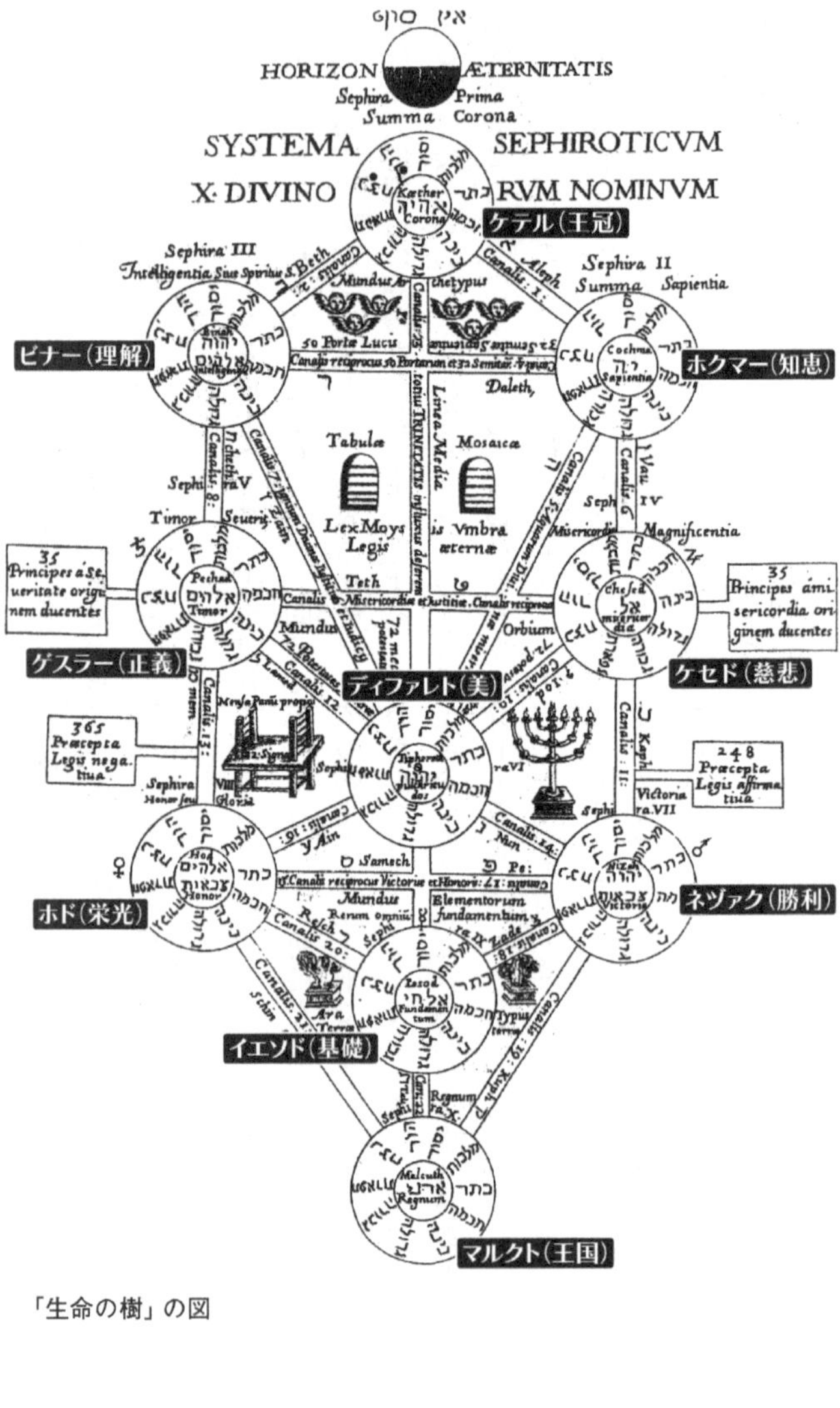

HORIZON ÆTERNITATIS
Sephira Prima
Summa Corona
SYSTEMA SEPHIROTICVM
X· DIVINORVM NOMINVM
Kether
Corona
ケテル(王冠)
Sephira III
Intelligentia Siue Spiritus
Sephira II
Summa Sapientia
Mundus Archetypus
50 Portæ Lucis
Canalis reciprocus 50 Portarum et 32 Semitar.
Daleth,
ビナー(理解)
ホクマー(知恵)
Tabulæ
Mosaicæ
Lex Moysis
Legis
Vmbra
æternæ
Linea Media
Timor
Seueritas
Misericordia
Magnificentia
35
Principes a Seueritate originem ducentes
35
Principes a misericordia originem ducentes
Pechad
Timor
Chesed
Teth
Canalis Misericordiæ et Iustitiæ. Canalis reciprocus
Mundus
Orbium
ゲスラー(正義)
ディファレト(美)
ケセド(慈悲)
365
Præcepta Legis negatiua
248
Præcepta Legis affirmatiua
Tiphereth
Sephira
Honor seu
Gloria
Victoria
VII
Hod
Honor
Nizah
Victoria
Samech
Pe:
Canalis reciprocus Victoriæ et Honoris
Mundus
Rerum omnium
Elementorum
fundamentum
Resch
Canalis 20.
Zade
ホド(栄光)
ネヅァク(勝利)
Iesod
Fundamentum
Schin
Canalis 21
Ara
Terræ
Typus
terræ
イエソド(基礎)
Regnum
Malcuth
Regnum
マルクト(王国)

「生命の樹」の図

どの事物に対応させているが、そのなかで「シン」は「動物」に結びつけられている。レヴィは、キルヒャーの影響を受けて、もはや理性的な人間とは言いがたい「愚者」を動物(シン)に対応させたと考えられている。

小アルカナを構成する数札については、一〇個の天球に対応させている。エース(1)は第一の天球「ケテル」に、2は第二の天球「ホクマー」に、といった具合である。

このようにして生命の樹とタロットを対応させた結果、「一〇個の〈セフィロト〉と二二枚の〈タロット〉は、カバリストが絶対的学問の三二道と呼ぶものを形作る」と、レヴィは言う。「絶対的学問の三二道」とは、一〇個のセフィロトと二二の小径(パス)の探求を指すのだろう。生命の樹にタロットを当てはめることで、カバラ的な解釈がなされ、世界の様相がいっそう明瞭になると言いたいのではないだろうか。

またレヴィは、タロットの四つのスートを、「エゼキエル書」および「ヨハネによる黙示録」に登場する四つの生き物(獅子・鷲・人・牡牛)、四元素(火・水・風・地)、神の御名を表す聖なる四文字(YHVH)に対応させてもいる。

このようにレヴィは、タロットをひとつの完全な書物、完全なシステムとしてイメージしていった。そして、エデンの園を追放された不完全な存在である人間が、完全な存在へと復帰するための失われた鍵、すなわち、創造の神秘を手にしたと主張するのである。

レヴィの最終的な望みは、ジェブランの登場以来タロットに秘められているとされてきた古代エジプトの叡知と、ユダヤ教の神秘主義思想を網羅した「完全なタロット」を復元することだった。

理念、宇宙論としてタロットの秘密を解いたと主張するレヴィであるが、まだ未完の仕事があると言う。

レヴィの描いた「悪魔」

「それは厳密に正確な、念入りに作ったタロットを版に彫らせて出版させることだ」

実際、レヴィは自らタロットを描いている。『高等魔術の教理と祭儀』にも掲載されている「悪魔」「戦車」「運命の輪」の三枚である（「運命の輪」は『大神秘の鍵』所収）。しかしそれ以外は知られていない。レヴィが追い求めた完全なタロットは、出版されたカードとして具体化されるには至らなかったのだ。

だが、「完全なタロット」の復元を目指して試行錯誤を重ねたレヴィの足跡は、同時代以降のオカルト主義者たちのイマジネーションと創造性を刺激し、そこからさまざまなタロットが生み出されていった。

「アルカナ」と名づけたポール・クリスチャン

レヴィは、秘教団体に参加してはいたものの、自ら魔術団体を率いた形跡はない。その意味では孤高の魔術師だったが、彼の影響を受けた魔術師ポール・クリスチャン、本名ジャン=バプティスト・ピトワがいる。クリスチャンは、一八五二年頃にレヴィと出会い、近くに居を移して直接教えを受けたという。

クリスチャンの代表作『テュイルリーの赤い人』は、一八六三年に発行された。研究者の間では、タロットの絵札を「アルカナ」と称した最初の書物として知られている。「アルカナ」とは、序章でも述べたが、ラテン語で「秘密」あるいは「秘薬」という意味だ。

なお、書籍のタイトルを目にしてピンときた人も多いだろうが、テュイルリーとは、ナポレオン・ボナパルトの居城テュイルリー宮殿のことである。また、赤い人とはナポレオンの指導霊だという。この書物には、ナポレオンに助言を与えたベネディクト派の僧（実は赤い人）が語った内容を書写し、編纂したといういわれが書かれているが、おそらくはクリスチャンの創作だろう。

書物の内容は、おもに占星術や数秘術にかんするもので、「タロット」という言葉はまったく出てこない。しかし、明らかにタロットを指し示す記述がみられる。エジプト文明の古代遺跡であるメンフィスの神殿には、黄金でできた七八枚の板が円形に配置され、その絵柄には、秘儀参入の儀式が寓意的に表現されていると説くのである。

一八七一年には『魔術の歴史と実践』を発表した。この書では、古代エジプトにおける秘儀伝授の儀式の模様があたかも見てきたかのように再現される。秘儀を受ける入門者は、大スフィンクスの足元にある秘密の入口を通過して地下回廊に案内され、二二枚の寓意画を見せられて、その意味を伝授されるのである。それぞれの寓意画は「アルカヌム（アルカナの単数形）」と呼ばれる。たとえばアルカヌム2はこのように描写されている。

「アルカナⅡはイシスの神殿の戸口にて、二柱の間に座す女性として表される。彼女の右手の柱は赤色であり、魂の純粋を表す。左手の柱は黒色であり、夜の混沌、物質の縛めにとらわれた魂の不純を表す。女性は三日月を頂くティアラを被り、ヴェイルで顔を覆っている。胸元には太陽を表す十字をつけ、膝の上には半開きの書物を置く。書物はマントによって半分隠されている。この姿はイシスの聖域の戸口にて参入者を待つ隠秘科学を擬人化している。参入者に自然の秘密をまさに伝えんとしているのである」（西洋魔術博物館、http://www.elfindog.sakura.ne.jp/Ctar2.htm）

ここにはタロットという言葉こそ登場しないが、このような描写がエジプト化されたタロットを示すことは明瞭である。

クリスチャンの著作にみられる寓意のタイトルなどを別表にまとめた（表3）。1の「賢者（マグス）」（通常は魔術師）、3の「イシス＝ウラニア」（女帝）、7の「オシリスの戦車」（戦車）などは、タロットカードの大アルカナとの対応が、非常にわかりやすい例だ。むろん、このような秘儀が古代エジプトで行われていたという証拠はなく、クリスチャンの捏《ねっ》造《ぞう》ないし妄想によるものであるが、このようなファンタジーがのちのタロットの神秘性を

表3　ポール・クリスチャンのアルカヌムと通常のタロットの対応

1	賢者（マグス）	魔術師
2	聖域の門	女教皇
3	イシス＝ウラニア（＊1）	女帝
4	立方石	皇帝
5	アルカナの密儀の達人	教皇
6	二つの道	恋人
7	オシリス（＊2）の戦車	戦車
8	テミス（＊3）あるいは均衡	力
9	ヴェールをかけられたランプ	隠者
10	スフィンクス	運命の輪
11	飼いならされた獅子	正義
12	犠牲	吊られた男
13	大鎌	死神
14	太陽の精霊（ゲニウス）	節制
15	ティフォン（＊4）	悪魔
16	落雷の塔	塔
17	賢者の星	星
18	夕闇	月
19	閃光	太陽
20	死者の目覚め	審判
0	ワニ（クロコダイル）	愚者
21	賢者の冠	世界

（＊1）エジプト女神イシスとギリシアの占星術・天文学の女神ウラニアの合成

（＊2）エジプトの主神であり、女神イシスの夫・兄弟

（＊3）エジプトの正義の女神

（＊4）エジプトで悪の神セトと同一視される怪物

The Symbol of the Rose-Cross.

ポール・クリスチャンによる
薔薇十字のシンボル

高めたのは間違いない。

　クリスチャンのタロット体系を反映したタロットが現在でも出ている。一八六〇年代には、プロの占い師で、ヴィクトル・ユゴーの亡命やアレクサンドル・デュマの成功を予言したといわれるエドムンド・ビロードが、クリスチャンの著作をもとに制作したものがそれだ。これは今「グラン・タロウ・ベリーヌ」の名前で復刻されている。絵柄やカードのタイトルは、旧来のマルセイユ版にクリスチャンの解釈を取り入れたものである。

　もう一つ、クリスチャンの象徴体系で忘れてはいけないのは、薔薇《ばら》十字《じゅうじ》のシンボルである。レヴィが「生命の樹」をベースにしてタロットの体系を築きあげたのに対し、クリスチャンは、薔薇と十字を組み合わせた独特の幾何学図形を作り、そこにタロットを当てはめていった。クリスチャンによれば、この図形を考案したのはヘルメス・トート（ヘルメス・トリスメギストス）だという。次項で述べる薔薇十字運動との関係をうかがわせるものでもある。

薔薇十字運動

レヴィやクリスチャンが活動した一九世紀後半のフランスでは、象徴主義と呼ばれる芸術運動が興《おこ》ろうとしていた。

この運動は、あらゆる事象をありのままに表現する自然主義や、感情を抑制して客観性を重視し、厳格な表現形式を備えた作品を特徴とする高踏派《こうとう》への反動として興ったものだ。自然主義や高踏派が外界を「ありのまま」「客観的」にとらえたのに対し、象徴主義は、人間の内面や思想といった不可視の世界をあくまでも主観的にとらえ、象徴を用いて表現しようとした。文学においてはボードレールやランボー、美術ではモローやルドン、音楽ではドビュッシーやワーグナーらが、象徴主義の旗手とされている。

一九世紀後半のヨーロッパでは、唯物論的思想への反発と、キリスト教の衰退により、神秘的・秘教的な思想が受け入れられやすい土壌が整っていた。象徴主義もその流れと無関係ではなく、幻想、神秘、退廃といった言葉で形容される作品が数多く生み出されていった。そうした文化的背景のなかで、生まれたのが薔薇十字運動である。

薔薇十字運動とは、一六一四年と一六一五年にドイツのカッセルで出版された小冊子『ファーマ（名声）』と『コンフェッシオ（告白）』を端緒として広がった、秘教的・オカルト的なムーブメントである。匿名の作者によるその小冊子には、クリスチャン・ローゼン

薔薇十字文書に描かれた扉絵

クロイツなる架空の始祖の生涯と教えが説かれていた。それによれば、ローゼンクロイツは一三七八年にドイツで生まれ、修道生活を送ったのち、アラビアをはじめとする東方諸国をめぐり、賢者を訪ね、錬金術と魔術を研究したという。ドイツに帰国後は、同志とともに教団を結成し、西欧のキリスト教と東方の魔術的・秘教的知識を融合させた普遍的真理を追究したと伝えられる。

薔薇十字の「薔薇」はルネサンス期以降に復興した秘教的な神秘思想を、「十字」はキリスト教を意味する。それらの統合を示すシンボルが薔薇十字であり、このシンボルのもとに真理を探究する秘教的結社が薔薇十字団なのである。

種を明かせば、小冊子を執筆した匿名の作者とは、ヨハン・ヴァレンティン・アンドレーエをはじめ、神秘主義思想に傾倒していた神学者の小集団「チュービンゲン・サークル」である。『ファーマ』も『コンフェッシオ』も、いってしまえば彼らが創作した幻想的な文学作品あるいは偽書《ぎしょ》なのだが、始祖ローゼンクロイツや教団の実在を感じさせるのに十分な巧妙さと魅力を備えていた。折しも、一七世紀初頭のヨーロッパは、最後にして最大の宗教戦争といわれる「三十年戦争」を目前に控え、混迷が深まっていた。アンドレーエらは、そこに新たな価値観と秩序をもたらそうとしたのである。

もちろん薔薇十字団は実体を持たなかった。だが、その主義主張は人々の心をとらえ、教団が「秘密裏に」存在するというまことしやかな噂がヨーロッパを席巻し、薔薇十字団員を自称する人々が登場した（現在も各国にサークルが存在している）。そのような世相のフランスで、一八八八年、スタニスラフ・ド・ガイタとジョセフ・ペラダンという二人の文人によって「カバラ薔薇十字団」が結成された。この二人は、もともと詩人、文人として出発したが、レヴィの著作に触れて秘教に惹かれ、とりわけ薔薇十字運動に引き込まれてオカルト主義者となったのである。

史上初のタロット本

そして、学業優秀な少年期を過ごし、パリ大学医学部で医学博士号を取得したパピュス、本名ジェラルド・アンコースもこのカバラ薔薇十字団に身を投じ、主要なリーダーとして活躍した。

パピュスは、タロットやカバラの研究に没頭し、一八八九年、レヴィが構築したタロットの体系を継承する『ボヘミアンのタロット』を出版した。おそらく、一冊を丸ごとタロ

パピュスの肖像

ットにあてた史上初の書籍であり、今でも発行されているオカルト・タロットの基本図書のひとつだ。そして、「大アルカナ」という言葉も、この書で使われることで一般化した。

この書の中でパピュスは、薔薇十字団員はすべての秘教の鍵を握るタロットを所有していたと主張し、奇妙な算数を展開して、タロットの完全性を証明している。たとえば、神の名を表すYHVHは、数字の1、2、3、4に対応し、1と2によって3が生まれ、それが1と同定される4を生むことでサイクルが完結するという、一種の数秘学的な構造を作り上げるのだ。そしてこれを、小アルカナのスートや大アルカナに対応させてゆく。

大アルカナは、レヴィの説にそって、ヘブライ文字、惑星、星座との対応が展開されている。

なお、カバラ薔薇十字団を創設したペラダンはのちに脱退し、「カトリック薔薇十字団」を結成し、教皇庁にあてた書簡で、カトリックが「本来の秘教の伝統」に立ち戻ることを勧めた。もちろん、カトリックにそのような伝統は存在しないのだが、ペラダンは大真面目で一筆啓上したのだろう。相当エキセントリックな人物であったと思われるが、彼が芸術運動に与えた影響は無視できない。というのも、カトリック薔薇十字団のおもな活動は、「薔薇十字展」という美術展を開催することにあったからだ。

最初の展覧会は、一八九二年三月一〇日から四月一〇日にかけて、パリの著名な画廊「デュラン・リュエル」で開催された。カトリック薔薇十字団公認の作曲家であったエリック・サティが楽曲を献呈し、ギュスターヴ・モローやジョルジュ・ルオーら一流の画家が参加したこの展覧会は国外からも注目され、初日だけで一万一〇〇〇人もの観客を集め、最終的には二万二〇〇〇人の入場者を得るほどの成功を収めたという。

薔薇十字展は、一八九七年までに六回開かれた。この六回の展覧会は、カルデア（古代中近東）の六体の天体神に、それぞれ献じられたものであった。総勢二〇〇名近い芸術家たちが作品を出展し、印象派を代表する画家ポール・ゴーギャンや、ポスト印象派のエミール・ベルナールなどにも大きな影響を及ぼした。

イギリスにおける薔薇十字運動

ここまで見てきたように、本来ギャンブルゲームの道具であったタロットは、ジェブランとエテイヤによって古代エジプトと関連づけられて神秘化し、レヴィによってカバラと結びつけられ、魔術の体系に組み込まれた。その後、レヴィのタロット体系は、クリスチャン、パピュスらによってフランスで展開されていった。

実は、レヴィのタロット体系は、イギリスにおいても薔薇十字運動を通して継承され、さらなる発展をみることになった。そこで生まれ主要な役割を果たしたのが、魔術結社「黄金の夜明け団」である。

タロットの歴史において、この結社の重要性は計り知れない。今日、最もポピュラーなタロットである「ウェイト＝スミス版」(後述)を筆頭に、根強い人気を誇るいくつかのデッキが、この結社から直接的・間接的に生み出された。また、現在流通しているタロット入門書の多くは、この結社のタロット教義が薄められ、通俗化したものだと考えてよい。

レヴィは、英国薔薇十字団の創設に寄与したケネス・マッケンジーや、薔薇十字思想が織り込まれた小説『ザノーニ』の作者、エドワード・ブルワー＝リットンらと交流があった。マッケンジーは、レヴィの思想に触れてタロットに関心を寄せ、実現はしなかったものの、タロットにかんする自著をイギリスで出版する計画を立てたほどだった。また、マッケンジーに助けられて英国薔薇十字団を創設したロバート・ウェントワース・リトルは、レヴィの著作の研究者でもあった。

この英国薔薇十字団に籍を置き、マッケンジーの影響を受けてタロットに魅せられたのが、のちに黄金の夜明け団の創設者のひとりとなったウィリアム・ウィン・ウェストコットである。ウェストコットは医師の資格を持ち、表向きの職業は検死官であったが、二〇代前半にはフリーメイソンのメンバーとなり、神秘主義思想の研究に没頭していた。

一八八五年以来、ウェストコットは居候を抱えていた。その居候とは、のちに「儀式魔術の天才」と称された、若き日のマグレガー・マサースである。マサースもやはり、二〇代から神秘主義思想に深く傾倒し、フリーメイソンと英国薔薇十字団に入団して、ウェストコットの知己《ちき》を得たのであった。この二名に、英国薔薇十字団団長のウィリアム・ロバート・ウッドマンを加えた三名が、黄金の夜明け団の創設者となった。

黄金の夜明け団

黄金の夜明け団の設立は、一八八八年三月のことだ。

発端は、ウッドフォードが、ウェストコット宛に数十枚の奇妙な暗号文書を送ったことだ。これをウェストコットが解読したところ、そこには秘儀参入のための儀式と、それに付随する位階、さらには「黄金の夜明け団」という魔術結社の名が記されていたという。その暗号文書には、アンナ・シュプレンゲルと名乗るドイツ人女性の手紙が添えられていた。ウェストコットがこの女性とやりとりを重ねた結果、シュプレンゲルは黄金の夜明け団の幹部であるとわかった。また、さらに上の位階にある人々から、英国にも「黄金の夜明け団」を設立する許可を得たというのである。ただ、現在では、シュプレンゲルは架空の人物で、その手紙はウェストコットの創作ということで、研究者の意見が一致している。

黄金の夜明け団には、アイルランドのノーベル賞詩人W・B・イェイツや女優のフロレンス・ファー、ミナ・ベルクソン（哲学者アンリ・ベルクソンの妹で、のちのマサース夫人）、ウェイト＝スミス版タロットの作者として知られるアーサー・エドワード・ウェイト、そして「黙示録の獣」の異名をとるオカルティストで、のちに「トート・タロット」を創作したアレイスター・クロウリーなど、当時の文化を担う人々が参加した。

しかしながら、これらの個性的すぎる顔ぶれが和やかにやっていくなど無理な話で、この魔術結社の歴史は、分裂の歴史でもあった。実際、設立からわずか一〇年ほどで崩壊してゆくのだが、現代オカルティズムに圧倒的な影響を与え、オカルト史上においてはきわめて重要な位置を占める。

黄金の夜明け団の特異で画期的な点は、魔術の総合的なカリキュラムとシステムとを作り上げたことだ。団員はそれにしたがって教育を受け、「入門者（ニオファイト）」から始まる位階をひとつずつ昇り、「達人（アデプタス）」にいたるのである。

また、黄金の夜明け団は、タロット、錬金術、天使論、ヘルメス学、召喚魔術などの雑多なオカルト理論を体系化したことでも知られている。

そしてレヴィと同様、ユダヤ教神秘主義カバラの宇宙図「生命の樹」をさまざまな象徴や神話体系を整理するファイリング・システムとして利用した。一〇個の天球と二二本の径それぞれに、数、色、惑星、天使、神の名、金属などを対応させたのである。

一例を挙げると、五番目の天球ゲブラーは、一般に「峻厳」と訳され、宇宙を動かす厳然たる力や正義の象徴とされる。この天球にファイリングされるのは、数字の5、天使カマエル、火星、ルビー、鉄、赤、エロヒム・ギボールという神名などだ。

魔術儀式のなかでは、これらの事象を用いることで、ゲブラーのエネルギーを地上に降ろすことができるとされる。たとえば、五角形の魔法円を描き、真っ赤なローブをまとい、鉄製の剣を手にし、神名エロヒム・ギボールを唱和する……という具合だ。

もちろん、タロットも生命の樹に配当される。まず小アルカナのうち、キング、クイーン、プリンス（ナイト）、プリンセス（ペイジ）は、それぞれホクマー、ビナー、ティファレト、マルクトの各天球に、Aから10までの数札は、それぞれの数に対応する天球に、そして二二枚の大アルカナは、二二本の径に対応させた。

また、二二本の径は、占星術で用いられる黄道一二宮（一二星座）、七惑星、四元素のうちの三つ（風・火・水）という、合計二二の要素とも結びつけられた。

その際、照応体系を崩さないように独特の配慮がなされた。

たとえば、0の愚者から順番に絵札を径に配し、一二星座との対応を見ると、伝統的なマルセイユ版などで8のカードとされる「正義」は一九番の径に当たり、これは「獅子座」である。また、11のカードとされる「力」は二二番の径に当たり、これは「天秤座」である。しかし、ライオン（獅子）の口に素手で触れる女性を描いた「力」が天秤座で、天秤を手にする女性を描いた「正義」が獅子座では、いかにも不自然だということで、8と11の札が入れ替えられた。そのため、黄金の夜明け団に由来するウェイト版などでは、8が「力」で、11が「正義」となっている。日本で流通する「占い用タロット」がこの順番になっているそのルーツは、黄金の夜明け団の教義によるのだ。

魔術教材としてのタロット

黄金の夜明け団のこうしたタロットの教義は、「Tの書」と呼ばれる秘密文書のかたちで団員に回覧され、団員たちは魔術を学習するために、自らこの教えに基づいたタロットを描くことが求められた。アイルランド、ダブリンの国立図書館には、イェイツによるタロットのスケッチなどが展示されている。これは同図書館のウェブサイトでも閲覧できるので、興味があればご覧になるとよい。団員は、団の教義に則ったタロットを、自分の手で描かねばならない。それは、「生命の樹」にもとづく魔術的な世界観をマスターすることでもある。

さらに、「入門者」の位階から「達人」の位階にいたるカリキュラムも、タロットと固く結びついた「生命の樹」にそって組まれていた。入門者は、最下位の天球であるマルクトの位階だが、精進を重ねたのち、次の天球であるイェソドの位階への昇進を志願する。この儀式において志願者は、マルクトとイェソドを結ぶ径にあてられた「世界」のカードの秘教的解釈について、司祭（ハイエロファント）から説明を受けるのである。

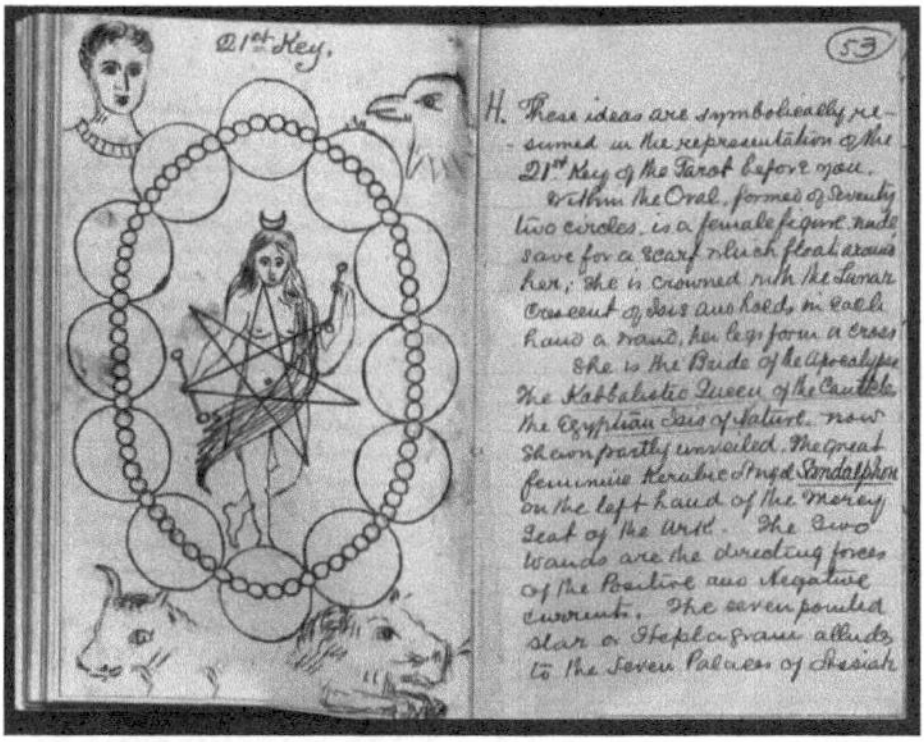

イェイツが描いたとされるタロットカードの「世界」（Golden Dawn Ritual Notebook、アイルランド国立図書館、http://www.nli.ie/yeats/）

黄金の夜明け団は、カバラを中心とした複雑な体系を適用することで、宇宙の原理を理解しようとした。そのなかでタロットは、宇宙の構造を表すモデルとしてとらえられ、タロットを読み解けば、世界の真実にたどり着

「黄金の夜明け団のタロット」より「恋人」と「棒のプリンス」

けると考えられた。そして彼らにとってタロットは、瞑想によって到達できる意識状態の表れ、意識のレベルを示す道標、神秘的な異次元世界の地図でもあった。

　このような考えのもとに描かれたタロットには精緻なシンボリズムが読み込まれるようになった。「黄金の夜明け団」のタロットでとくに独創的なデザインなのは「恋人」である。このカードはアンドロメダ王女を海の怪物から救い出す英雄ペルセウスが描かれる。「アンドロメダ座」の星座神話のモチーフだ。「黄金の夜明け団」の文書にはこうある。

　「直感に対する霊感の衝撃が、啓発と開放という結果を生む。（中略）習慣と物質主義という足枷《あしかせ》を砕く剣、アンドロメダを恐怖の竜と腐敗の水から救うペルセウス」

　ここでは通俗的な恋の成就といった意味は引き出されていない。岩に象徴されるこの物質世界の拘束から、霊的な世界への覚醒に導く力が「愛」と解釈されているのである。それは、ルネサンス期の寓意的解釈をはるかに超え、古今の神秘主義思想をも取り込んだものとなった。こうして、デザインや解釈にますます深みが出てきたのである。

世界最大のヒット作「ウェイト=スミス版」の登場

現在、世界中でもっとも愛用されているタロットデッキといえば、「ウェイト=スミス版」であろう。発行は一九〇九年だから、一〇〇年以上たっても世界中で人気を誇り、このタロットを模したり、着想を得たりするタロットが次々に生産されている。「タロットを最初に学ぶとしたら、どのデッキを勧めるか」と入門者に問われたら、まずはこのウェイト=スミス版を買い求めなさいと、ほとんどのタロット占い師が答えるのではないだろうか。実際、多くのタロット占いの入門書が、このタロットを教材あるいは挿絵として選んでいるのである。

この驚異の大ヒットタロットを製作したのは、黄金の夜明け団に深くかかわった人物たちである。だが彼らは、自分たちのデッキがここまでの成功を収めるとは想像していなかったに違いない。

ウェイト=スミス版の「ウェイト」とは、このデッキを監修した著名なオカルト主義者にして、秘教文献を翻訳した業績でも知られるアーサー・エドワード・ウェイトである。そしてスミスとは、ウェイトの依頼で作画を担当した画家パメラ・コールマン・スミスを意味する。このウェイトとパメラは、ともに黄金の夜明け団の団員であった。

ウェイト＝スミス版が、これほどまでの人気を集めた最大の要因は、明らかにパメラの絵である。しかし、パメラの貢献に光が当てられるのは、実に二一世紀に入ってからのことだ。それまでは、豊かな学識が生前から知られていたウェイトの陰に、パメラは隠されてしまっていた。そのため、ながらくこのデッキは「ウェイト版」ないし、最初に発行した出版社の名前をとって「ライダー版」と呼ばれてきたが、最近ではパメラ・スミスへのせめてもの敬意の表現として「ウェイト＝スミス版」と呼称するのが通例になりつつある。本書もそれに倣《なら》うことにしよう。

監修者アーサー・エドワード・ウェイト

まずはウェイトだが、はたしてどのような人物だったのだろうか。

ウェイトは一八五七年、ニューヨークで、コネチカットの船長と英国人女性との私生児として生まれた。生後一年にして父は死去し、幼いウェイトは母とともに英国ロンドンへと渡る。妹の死という個人的な体験、そしてこの時代のロンドンを覆っていた心霊主義に感化され、ウェイトは早いうちから心霊主義や神智学などの神秘的な思想に関心を寄せるようになった。長じて大英博物館の図書室にも出入りするようになり、そこでさまざまな秘教的文書を研究する機会を得た。ウェイトの関心は、レヴィの魔術やカバラ、錬金術、フリーメイソン、中世の魔術、聖杯伝承など多岐にわたる。一八九一年に、黄金の夜明け団に入団し、いったん退団するも復団し、一応、最高位の位階を獲得した。しかし一九〇三年には、団を離れ、自分の志向により合ったキリスト教的な色彩の強い「聖黄金の夜明け団」を創設するのである。

彼を単に奇矯な「オカルティスト」というのは少しはばかられる。秘教研究の第一人者ハネグラアフが編纂した『グノーシスと西洋の秘教事典』では、

ウェイトの肖像

「現在の水準からすると至らないとみなされるだろうが、ウェイトが秘教の伝統への学術的研究の先駆、神秘主義の哲学の説明者、実践的霊性の創造的天才であった」

と、高く評価されている。レヴィや、のちに紹介するクロウリーを「山師」とこき下ろした二〇世紀のユダヤ学の権威ショーレムでさえ、ウェイトを切り捨て

ることはなかった。

ウェイト＝スミス版が世に出たのは一九〇九年のことだ。同年一二月、イギリスのオカルト雑誌「オカルトレビュー」に「タロット、運命の車輪」というエッセイをウェイトが寄稿。同時にライダー社よりウェイト＝スミス版が出る。翌年には、その解説書『タロットの鍵』（一九一一年に挿絵入りの『タロットへの絵の鍵』と改訂、改題）が出版。ここに史上最大のベストヒットタロットの種がまかれたのである。

ウェイトのタロットは、基本的に、黄金の夜明け団におけるタロット教義を下敷きに作られていた。秘密の誓いを団に立てたため、口外できない教義であることを巧妙に隠しつつ、古くからの秘密の伝承があるとほのめかす。ただ、学者としてのウェイトは、古代エジプトなどにタロットの起源を求める説を明確に否定し、慎重な立場をとっている。

しかし、学者ウェイトにはもうひとつの顔があった。それは俗っぽい占い本を書く、今でいう占いライターとしての顔である。一八八九年には、グラント・オリエントという筆名で『タロット、占い、そしてオカルト神託の手引き』という本を書き、その改訂版（一九〇九年、つまりウェイト＝スミス版が出たのと同じ年）では、ちゃっかりエジプト起源とするタロット＝トートの書説を展開しているのである。この本は、おみくじのような雑占いの寄せ集めで、花占いなども入っており、雑誌などで占いを書く僕からすると、とても親しみやすいものではある。ウェイトが売文をしただけなのか、あるいは何らかの意図があったのかは今となっては推測の域を出ない。ただ、このような本の登場によって、それまでの秘教的なタロット教養からわかりやすい占い書への道が開かれ始めたのは確かなのである。僕のようなメディア占い師のパイオニアとしてのウェイトがここにいる。

不遇の画家パメラ・スミス

ウェイト＝スミス版タロットのもう一方の制作者、絵を描いたパメラ・コールマン・スミスは、一八七八年、ミドルセックスのピムリコに、アメリカ人夫婦を両親として生まれている。母方の曽祖母は子供向けの本を書き、曽祖父は出版社のオーナーで彫刻家だったというから、彼女の画才はここから来ている可能性もある。

父親の仕事の都合で子供時代をジャマイカで過ごし、一五歳になると、ブルックリンの美術学校で絵を学び、展覧会をニューヨークで開催するも、再びジャマイカへ。一八九九年にはニューヨークへ戻り、親交を結ぶことになる女優エレン・テリーと出会う。一九〇一年にはロンドンでスタジオを開き、多くの挿絵や舞台衣装などを手がける。

特筆すべきは、パメラがいわゆる共感覚の持ち主であったということだ。これは音を「視る」、逆に視覚像を「聴く」など、ある感覚刺激を別の感覚によって受容するという特

パメラ・スミスの肖像

殊な知覚を指す。パメラは精霊たちの世界を身近に感じてもいた。ドビュッシーの曲を聴いたとき、それをパメラはギリシア神話の牧羊神がいる風景として「視た」。その曲名が「牧神の午後への前奏曲」であることを、のちにパメラは知ったという。パメラが友人たちから、コーンウォールの妖精を意味する「ピクシー」の愛称で呼ばれたのは、その陽気な性質もさることながら、このような繊細で浮世離れした感覚をもっていたせいであったのだろう。

パメラは、詩人W・B・イェイツから強い影響を受け、イェイツを通して黄金の夜明け団に参入する。ウェイトとはここで知り合ったのだろう。ただ、パメラは、儀式魔術にはあまり興味がなかったのか、団内では初級の位階にとどまっている。

ウェイトは、パメラにタロットの作画を依頼する。一九〇九年一一月、パメラは友人に宛てた手紙に「ほんのわずかの報酬で大きな仕事をやりおえました」と記しているが、七八枚すべての絵を描いたパメラが手にしたのは、わずかな金額だったのだろう。もしこれが現在の印税契約を結んでいたなら莫大な財を成すことができたかもしれないのだが……。もっとも、浮世離れした「ピクシー」のパメラは、このタロット制作以外でも、商売っ気は希薄であったようで、晩年はコーンウォールで慎ましく暮らし、生涯独身で七三年の生を閉じた。

最大の特徴は小アルカナ

ウェイト＝スミス版は、その穏やかな色調で親しまれるものだが、最大の特徴は小アルカナにある。小アルカナは、ヴィスコンティ版やマルセイユ版などを見てもわかるように、それまでは単純な数と記号によるデザインであった。たとえば「剣の3」は、制作を依頼した貴族やメーカーの家紋や屋号を入れるなどの例外を除き、現在のトランプと同じように単純に剣が三本描かれるだけであった。

トランプ占いが案外難しいのは、単純な記号でしかない各カードの意味を丸暗記しなければならないからだ。「スペードの3の意味は何だっけ、悲しみだったか」と、受験生の単語カードばかりに覚えることが必要になる。

それにたいして、ウェイト＝スミス版ではどうだろうか。「スペードの3」に対応する「剣の3」の絵を見ると、ハートに剣が三本突き刺さっているのである。ほかのカードも同様で、たとえば「杯の10」では、一〇個の杯が明るい虹となって天にかかり、その下で男女が肩を組み、手を広げて喜びを表現している。その傍らでは子供たちが手を取り合って踊っている。このカードが何かの成就や喜びを示すことは一目瞭然だ（第四章286頁参照）。

ウェイトは、大アルカナにかんしては、パメラにかなり細かい指示を出していたと思われる。そこには、黄金の夜明け団の教義と、ウェイト独自の解釈が含まれていた。しかし、小アルカナにかんしては、ウェイトはかなりの部分をパメラの裁量に任せていたと思われるのだ。たとえばウェイトの解説では、杯のエースは「エデンの園にあった四本の河が杯から流れ出る」と書かれているが、実際の絵を見ると五本の水流が出ている。ウェイトは小アルカナには無頓着であり、それゆえに、小アルカナにはパメラの自由な想像力が表れたのである。

むろん、まったく独自にパメラが絵を創作したわけではない。ルネサンス期の「ソーラ・ブスカ」版と呼ばれるデッキが、大英博物館に写真のかたちで所蔵されており、そのうちのいくつかはパメラが作画したものと酷似している。パメラはウェイト経由か、あるいは独自にこうした絵を参照したのであろう。

しかし、パメラの絵は、ソーラ・ブスカ版にはないもののほうが圧倒的に多く、これはパメラの独創性によるところが大きい。その絵のルーツをたどる謎解きの作業も近年では行われているが、全貌が明らかになっているとは言い難い。

いずれにせよ、このようにしてすべてのカードが「絵札」となったことで、タロットはより身近で、占いに適するようなものへと変貌していったのである。

ここでタロットは次のステージへと移行したといえるだろう。カードの意味を暗記しなくても、絵から意味がとれるようになったのだ。

もうひとつ、ここで付け加えておかなければならないのは、ウェイトはパメラと製作したカードに完全には満足していなかったと思われることだ。のちにウェイトは、J・B・トリニックという画家に、独自のタロットを描かせている。これは構図もまったく独創的で、よりウェイト自身の神秘主義的思想を反映したものであると考えられる。ただ、これはあまりにも神秘的であり、占いに使用するというより瞑想の対象のような感じで、市場に出ることはなかった。ウェイトの意図はどうあれ、やはりタロット史上に大きなインパクトを与えたのはウェイト=スミス版だった。

ウェイトが画家J・B・トリニックに描かせたタロット

カルト的な人気を誇る「トートのタロット」

「黄金の夜明け団」に属していた人物が作り出したタロットで、もっともポピュラーなものといえばウェイト＝スミス版であることは間違いないが、これが唯一のものというわけではない。もうひとつ、タロットファンの間で根強い人気を誇るデッキがある。

それが、アレイスター・クロウリーが画家レディ・フリーダ・ハリスに描かせた「トートのタロット」である。トートとは、古代エジプトの知性の神のことだ。完成した絵は、一九四二年、ロンドンのバークリー画廊での展覧会で公表された。そして、一九四四年には、このデッキの詳しい解説書である『トートの書　エジプト人のタロットについての短いエッセイ』が刊行され、その挿絵としてもハリスの絵が使用された。カードとしての出版は一九六九年まで待たねばならず、これはクロウリー、ハリスともに没後のことであった。

このタロットに熱狂的なファンが多いのには、主にふたつの理由がある。

ひとつは、カードの絵の魅力である。シンプルな木版画であるマルセイユ版系デッキも、穏やかでソフトな色調のウェイト＝スミス版もそれぞれに魅力的であるが、このクロウリーのタロットはそれらとはまったく異なる印象を与える。生々しく大胆で、うねるような鬼気迫るタッチで描かれたこのタロットは、真の意味で独創性を発揮した、一種の芸術表現としてのタロットだった。

トートのタロットより「月」と「メイガス」

もうひとつの理由は、このカードの製作を企図したアレイスター・クロウリーという人物の強烈なキャラクターにある。「二〇世紀最大の黒魔術師」などとあだ名され、聖書の終末論の書である「黙示録」に登場する反キリスト、「６６６の大いなる野獣」を自ら名乗ったクロウリーは、カルト的な人気を誇っているのだ。ただし、彼の認知度が高まったのは、その没後、一九六〇年代から七〇年代にかけてである。

ロックミュージックのファンであれば、レッド・ツェッペリンのジミー・ペイジがクロウリーの信奉者で、ネス湖畔にあったクロウリーの別荘を買ったという話も聞いたことがあるだろう。悪魔的なモチーフを演出に使って人気を博したヘヴィメタルバンド「ブラック・サバス」のオジー・オズボーンは、その名も「ミスター・クロウリー」という曲を歌っているし、あのビートルズでさえ、一九六七年のアルバム『サージェント・ペパーズ・ロンリー・ハーツ・クラブ・バンド』のジャケットに、「ぼくらの好きな人たち」のひとりとして、数多くの有名人に加えてクロウリーの肖像を掲載している。また、文学界にも信奉者がいる。たとえば、ＳＦの傑作とされるロバート・Ａ・ハインラインの『異星の客』は、クロウリーの思想をベースに書かれているという。影響力の強いこれらの人々のクロウリー熱は、当然ながら若者たち、とくに既存の体制に反抗しようとするヒッピーやカウンター・カルチャーの人々に伝播していった。

この時代ほどではないにせよ、今もなおクロウリーの人気は根強く、つい最近もロンドンのオカルト書店で、一〇代と思《おぼ》しきやんちゃそうな少年たちが、手に握り締めたお小遣いで、嬉々としてクロウリーの本を買っていくのを目撃して驚いた。店の人に「こんなに若い子たちもクロウリーを読むのか」と聞いたところ、「ええ、とくに男の子たちには人気がありますよ。まあ、たいてい長くは続かないけれど」ということだった。

確かに反逆児クロウリーは反抗心溢れる少年たちの心をくすぐるところもあるのだろう。その難解な文書そのものを理解するのは難しいだろうが、キリスト教を乗り越えようとしたそのアンチ精神に惹かれるのもわかる気がする。もっとも僕自身はといえばクロウリーは興味深いとは思うものの、あまりにも個性が強すぎて近づけない気もするのが正直なところだ。

ともあれ、そんな強烈な存在感を放つクロウリーが製作したタロットデッキとあっては、注目されるのも当然のことだろう。

二〇世紀最大の黒魔術師

クロウリーの肖像

クロウリーは、一八七五年、英国のウォリックシャーで醸造業を営む家に生まれた。厳格なことで知られるプリマウス・ブレズレンというキリスト教の宗派の家庭で育ったが、結局その厳格さが災いしたのか、成長するにつれ、反キリスト教的な思想に目覚めてゆく。後には登山家としても名を成すことになるほど身体能力にも恵まれていた一方、知的にも優れ、ケンブリッジ大学に入学するも途中退学。マサースの著作に触れて感化され、一八九八年に「黄金の夜明け団」に入団すしかし、性的に不品行であり、性を魔術にも利用したとも噂され、団内で揉め事を起こし、これが黄金の夜明け団の内紛と分裂の原因ともなる。後ろ盾となったマサースとも敵対することになり、団から離反した。

彼の人生において大きな転機となったのは、一九〇四年、エジプトへ新婚旅行中の出来事であった。クロウリーは、妻とともに「エイワス」と名乗る高次元の霊的存在と接触し、『法の書』と呼ばれる文書をエイワスから与えられる（少なくともクロウリーはそう信じた）。これはキリスト教を超える新しい宗教の時代「ホルスのアイオン」の到来を告げるものであり、クロウリーはその預言者を自任した（ホルスとは古代エジプトの太陽神であり、アイオンとは「永劫」を意味するギリシア語で、ある時代区分を指す）。「テレマ」と呼ばれたクロウリーの宗教思想の中核は、「汝自身の意思するところをなせ」であった。人が神の掟《おきて》に従うのではなく、人が神になる時代が到来したと、クロウリーは宣言したのである。その意味では「神は死んだ」という一九世紀の哲学者ニーチェとも共通するところがある。

こうした過激な思想をひっさげたクロウリーは、性やドラッグなどを魔術に積極的に取り込み、当時の道徳的規範からは大きく逸脱していたので「黒魔術師」のレッテルを貼られることになった。実際、シシリーに設立した僧院で若い信者が事故死し、ムッソリーニ時代のイタリアから国外退去を命ぜられた。クロウリーがフリーダ・ハリスに描かせた

「トートのタロット」は、こうしたクロウリーの宗教、魔術思想が色濃く反映されている。

新しい時代の神の到来を象徴するカード

基本的にはウェイト＝スミス版と同じく、黄金の夜明け団におけるタロット教義にしたがってカバラの生命の樹とカードの札が対応され、解釈が施されているが、さらにそこにクロウリー独自の考えが盛り込まれることになる。たとえば「皇帝」および「星」のカードとヘブライ文字の対応である。黄金の夜明け団では「皇帝」にヘブライ文字の「ヘー」、「星」に「ツァダイ」を配当したが、クロウリーはこれを反転させている。これは、前述の『法の書』に、「ツァダイは〈星〉にあらず」という文言が見いだせるためであった。ただし、大アルカナ（クロウリーはアテュと呼んだ）の順番まで入れ替えることはほとんどしていない。

クロウリーの思想が強く反映されている札として8番の「欲望（Lust）」が挙げられる。このカードは、普通は「力」と呼ばれ、獅子を手懐けている女性が描かれる（強い男性が獅子を打ち負かすものもある）。しかし、クロウリーのタロットでは、裸の女性が複数の頭を持つ獅子にまたがり、性的エクスタシーを思わせるように体をのけぞらせている。

クロウリーによれば、この獅子は聖書の「黙示録」に登場する666の獣であり、また女性はバビロンの大淫婦という。聖書においては、獣や大淫婦は世界の終末のときに現れる反キリスト的な存在であり、恐れられ、忌み嫌われるものであったが、クロウリーにおいては、新しいアイオン（時代）の胎動を告げる生命力に満ちた存在なのだ。

この獣と女性は性的に交わり、霊的な結婚をするという秘跡を示している。そのことによって「（キリスト教的）世界を破壊し再建する」というのだ。

もうひとつ、クロウリーのタロットで特徴的な札をとりあげるとすれば20番の「アイオン（永劫）」であろう。通常、この札は「審判」と呼ばれ、天使がラッパを吹き、墓から死者が蘇る光景が描かれる。しかし、クロウリーのタロットでは、構図がまったく異なる。タロットと言われなければ、タロットの札であることすらわからないであろう。背景には古代エジプトの天空の女神であるヌイトが描かれ、その下には透明な幼児が指をしゃぶる姿が描かれている。この幼児はホルスのもうひとつの姿で、沈黙の神であるラ・ホールクイトないしホール・パアル・クラアトと呼ばれている。さらにその奥には、太陽神ホルスが鷹の頭を持つ姿で描かれている。画面下には火を象徴するヘブライ文字の「シン」を見ることができる。

先にも述べたように、クロウリーは一九〇四年に、自らがキリスト教時代（クロウリーはオシリスのアイオンと呼ぶ）を終焉させ、新しい「ホルスのアイオン」の到来を告げる預言者となったと信じた。そこでこのカードは、新しい時代の神の到来を象徴するものと解釈されている。

クロウリーのタロットは、カバラのほか占星術、通常はタロットには取り込まれない東洋の易のシンボリズムから、ときに現代物理学の用語なども盛り込まれた解釈が展開されていて、極めて難解でもある。普通の恋占いに用いるのは難しそうだ。

しかし、この難解さがかえってオカルト志向の強い人々にとっては魅力と映るようで、このカードを独自に解説し、占いに応用しようとする本が、日本でも数冊出ている。

また、このような特徴を知ると、クロウリーが一九六〇年代や七〇年代に、カルト的な人気を得て「再評価」された理由も改めて納得できよう。

六〇年代から七〇年代は、ベトナム戦争などに反発する若者たちが、主流の価値観に反旗を翻し、ヒッピームーブメントやカウンター・カルチャーの波を起こしていった。そのなかでしばしばシンボルとして挙げられたのは「水瓶座の時代」という言葉である。この言葉は、大ヒットしたミュージカル「ヘアー」の主題歌の歌詞にも用いられ、有名になった。過去二〇〇〇年間ほど続いた苦難と犠牲の「魚座の時代」が終わり、人々が自由と平等を真に取り戻す「水瓶座の時代」が到来しようとしているという思想は、当時の若者の希望でもあったのだ。クロウリーの型破りなキャラクターと、新時代の預言者というイメージは、カウンター・カルチャーのなかでもとくに過激な人々の心を揺り動かすことになったわけである。

アメリカの魔術結社によるタロット

第二次世界大戦後、世界の先進産業のリーダーは、ヨーロッパ諸国からアメリカへと移っていった。タロットも例外ではなく、アメリカ大企業の手で大量に生産され、流通するようになった。現在では、アメリカが最大のタロット生産国、消費国である。

ただ、アメリカにおけるタロットの発展史を調べると、大戦以前から独自のタロットが製作されていたことがわかる。たとえば、黄金の夜明け団の衣鉢をつぐ、ポール・フォスター・ケースの「BOTA版」、「光の教会」の創設者ザインが出した「エジプティアン・タロット」はその代表である。

タロットが、いわゆる吉凶判断や未来予想をできるという「魔力」、つまり説得力を手に入れたのは、ここまで述べた、魔術師たちの活動によってだった。

ただ、現在のようにタロットが一般に広く普及し、多様なカードが生まれるようになった要因は、彼らの活動のみではない。魔術結社の教義は難しくマニアックで、とうてい一般向けとはいえない。間口が狭く、ごく一部の人々が手にする程度だ。

実際、BOTAでは、全カリキュラムを終えるのに十数年を要するという。光の教会では、全二四巻に及ぶ分厚い書物を学ばねばならない。これでは、彼らのタロットの教えは、大衆の手には届かないだろう。

レヴィに始まるオカルト主義者たちは、タロットの魔術化をはかったが、それだけでは一般の人への間口はまだ狭いままであった。タロットが普及するのは、これがわかりやすく、僕たちの日常的な出来事を占うためのものである必要があって、占いのための平易なマニュアルが必要だった。わかりやすい占い入門書は二〇世紀後半になって登場することになるのだが、数ある占いのなかでもタロットが人気になった背景には、レヴィらがタロットをいわゆる「魔術的」なものであるというイメージを付与したことによると言ってよい。

タロットの魔術化は、タロットに特別なオーラをまとわせ、かつ、タロットの意味を深く読み込むための道を開いたのである。

そして、タロットを今日のポピュラーな存在へと押し上げたのは、クロウリーの項でも触れた一九六〇~七〇年代のカウンター・カルチャー運動と、その流れを汲むニューエイジやオルタナティブ文化の運動である。次章では、そこから話を始めることにしよう。

第三章　タロットの二〇世紀

カウンター・カルチャーとタロットの大衆化

タロットが今日のように広く大衆化されたきっかけは、タロットをとりまく思想的・社会的状況の変化であった。その変化とは、一九六〇年代から七〇年代にアメリカで興ったカウンター・カルチャー運動と、そこから派生したニューエイジ・ムーブメントなど、近代的合理主義「ではない」文化を求める動きである。

それ以前のアメリカは、物質的繁栄を謳歌していた。その背景には、第二次世界大戦後の急速な経済成長と近代産業の発展がある。人々の給与は上がり、中流の家庭でも大型高級車や便利な家電を購入できるなど、生活水準が格段に向上した。そうした豊かさをもたらした近代的な合理性や生産性、それらを支える科学に絶対の価値が置かれたのである。

しかし、六〇年代に入ると、アメリカ社会に陰りが見えてきた。産業が発展し、物質的な豊かさが得られた半面、人種差別や公害問題、泥沼化したベトナム戦争への反発など、アメリカが抱えていた問題が急激に浮上し、若い世代や中流社会を中心に、深刻に受けとめられるようになったのだ。

明るい未来を保証するはずだった近代産業や合理主義が、実は万能ではないとわかったとき、よりどころを失った人々は、それに代わる価値観を切実に求めて試行錯誤をはじめた。そうした状況下で、既存の社会から逸脱するような文化、たとえばドラッグによる酩酊状態から生まれたサイケデリックなアート、ロックやフュージョンといった新しい音楽などが流行したのである。ヒッピー・カルチャー、自然との共生、公民権運動、フェミニズムなど、従来の価値観を否定するようなメッセージ性の強いムーブメントも起こった。

ただ、七〇年代後半から八〇年代になると、カウンター・カルチャーはかつての異様な熱気を失い、一応の落ち着きを見せた。

とはいえ、その主義主張は、ドイツのエコロジー団体「緑の党」に代表されるような自然環境保護の運動、精神性や霊性を追求するニューエイジ運動、近代的合理主義「以外の」文化、たとえば禅やチベット仏教に救いを見いだそうとする運動など、形を変えながら先進諸国に広がり、根づいていった。今日でも依然として、近代的合理主義を超える思想や手段が、各国で模索されつづけている。

タロットに代表される「占い」は、こうした価値観のゆらぎを背景に、まずはカウンター・カルチャーを推進する人々の間で、新たな視点から見直されることになった。

カウンター・カルチャー、あるいは、その流れを汲むニューエイジ運動では、合理的な思考より、直感的知覚や感性のほうに価値を置く傾向がある。「考えるな。感じろ」というわけだ。近代以前は秘教的で難解な宇宙論の表現とされたタロットは、絵を見てイメージを広げて占える、感性に訴える技法となる。この特徴が、とくに若い世代の心をつかんだのだ。

むろん、このような旧体制に対するアンチないしカウンターとしての運動は、六〇年代に初めて生まれたわけではない。タロットの歴史を振り返っても、ジェブランのタロット＝古代エジプト起源説が出てきた背景には、革命期フランスの動乱があった。カトリックを精神性の至上とする価値観とは異なる理念の起源として、古代エジプトが夢想されていたからこそ、タロットが、古代から続く叡知の隠された暗号として人々の心をつかむようになったのである。

また、一九世紀末から二〇世紀初頭のフランスの薔薇十字団や、英国の「黄金の夜明け団」の活動も、産業革命がもたらした主流社会の価値観になじめない人々が、秘教的な精神性を強く希求したことの表れだ。だからこそ彼らは、唯物論的な世界観ではない、霊的な真実の表現としてのタロットを「発見」（実際には「発明」）したのである。あの反逆児アレイスター・クロウリーにいたっては、自らを新時代の霊的預言者と見なし、キリスト教に匹敵、ないしそれを凌駕《りょうが》すると信じた宗教を創始しようとしたわけで、彼の「トートのタロット」は、その教義の表現としての意味を担ってもいたわけである。

このようなカウンターないしアンチの精神は、ある社会が成熟しきったときにはいつでも生まれ得る。その意味では、六〇年代も同じであろう。ただ、六〇年代以降のカウンター・カルチャーや、そこから派生するニューエイジを特徴づける性質といえば、つまるところ個人主義であり、権威を否定し、個人を主人公として人生を生きようとすることだ。となれば、タロットにおいても秘儀参入などを必要とせず、「自分で手軽に、自由に実践できる」ものとして扱ってゆこうとする傾向が出てくる。いわば自分たちの解釈、自由な占いを作り出せるＤＩＹ（Do it yourself）の精神を反映したタロットが出てくるわけだ。

そしてこのことによって、タロットは限られた秘教主義者のものだけではなく、より広い層へと拡大していった。過激なアンチの運動家ばかりではなく、ごく普通の人々に向けた市場を開き、大衆化されてゆくことになるのだ。

大衆向けの占い入門書

その決定打を放ったのが、のちに「タロット占い師の母」と呼ばれるイーデン・グレイ（本名プリシラ・パードリッジ）だ。一九六〇年、グレイが出版した『明かされたタロット』は、タロットを知るための良書として、まずはカウンター・カルチャーを支持する若者たちに受け入れられた。七〇年には、一般向けにまとめた初の実践的占い入門書『タロットの完全ガイド』（邦題『皆伝タロット』）を発表した。この書籍は、いたってシンプルな構成で、「タロットの歴史」（ただし、ごく短く、実証性に乏しいもの）「各カードのシンボルの解説と占い上の意味」「カードの並べ方とその解釈の方法」と、必要最小限の内容が並んでいる。この構成は非常に実用性が高く、後続の占い教本に踏襲されていった。現在日本で刊行されている占い入門書も、その多くがこれに類する構成をとっている。

グレイの入門書は、瞬く間にベストセラーとなり、現在まで続く「タロット占い」のスタイルを定着させた。この成功に続き、グレイは続編『自在タロット』を出して、いずれも成功させている。教材にしているのはウェイト＝スミス版だ。

これらの書籍が幅広い人々に受け入れられた理由はいくつかある。ひとつは、複雑で難解なオカルト的教義を省き、一枚一枚のカードをごく平易に解説して、わかりやすい実用書に仕立てたことである。それもそのはずで、そもそもグレイは、多くの人にタロットの実用的な利用法をわかりやすく教えるために書いたのだ。本を出す以前の一九五四年、グレイは、ニューヨークで形而上学（ここでは後述するニューソートを中心にスピリチュアルな思想を指す）を専門に扱う書店をオープンさせている。このような専門書店は、本を売るだけではなく、同好の士たちのコミュニティとしての機能も果たすことが多く、グレイはタロットについての指導を行うようになる。当時はだれもが気楽にタロットを学べるような教本がなく、グレイは、自身で平易な教本を書く必要に迫られたのだ。

それまでのタロット関連書籍、たとえばパピュスやクロウリーのタロット本は、とにもかくにも難解である。理解するには「生命の樹」だの薔薇十字とヘブライ文字、数字パズルのような暗号システムだの、複雑怪奇な宇宙論を理解する必要がある。これではごく一般の人が近づけない。

こうした難解な本に比べれば、グレイの本は、多くの生徒の反応に接したグレイ自身が書き下ろしたテキストであるから、実用的でわかりやすいものになったのは当然だ。

自己啓発と結びつくタロット

もうひとつは、カード解釈のノウハウに、いわゆるポジティブ・シンキング的な考え方を取り入れたことだ。

日本でもよく知られているポジティブ・シンキングは、もとをたどれば一九世紀のアメリカで生まれたニューソートというキリスト教系の思想に行き着く。この思想をおおざっぱに説明すると、人間の潜在意識が宇宙や神とダイレクトにつながっており、この世界を形づくる鍵となる、というものだ。この考えに従うなら、ポジティブな意識は明るい現実を、ネガティブな意識は暗い現実を生み出す。ならば、ポジティブな意識でいるほうがよいということになる。ニューソートは、ニューエイジ運動と結びつき、自己啓発や成功哲学といったジャンルにも波及しながら、大きな流れを形成していった。昨今人気の『引き寄せの法則』などといった自己啓発本のルーツはここにある。

一九〇一年に生まれたグレイは、一九五〇年代からニューソートに傾倒し、五〇歳を過ぎてからその系列の大学で学び、神学の博士号を取得するほどだった。そんなグレイが著したタロットの入門書は、明るい未来をつくるためのアドバイスに満ちていた。たとえ最悪のカードが出たとしても、それを乗り越えるためのヒントを見つけるというのが、グレイのやり方なのである。ただし、そうはいっても単にお気楽な楽観主義だけで書かれているものではない。グレイの本を貫いているのは、人生は「潜在意識」によって作られるという考え方だ。これはむろん、ニューソートから来ている。グレイは言う。

「カードは、心と魂を分析します。しばしば人の進歩を妨げるよう働きかける無意識的な動機や、隠れた恐怖や懸念を露わにするのです。潜在意識から浮かび上がる鍵は、リーディング（占い、カードを読むこと）の中でちらりと見る事ができます。……ここには、知恵と導きを探している者にとっての本当の宝があります。カードの持つ未知の力が、次から次へと隠された事実を明らかにします。それによって、私たちは、より良い人生を営むために知る必要のある事柄を、タロットから学ぶのです」（『啓示タロット』郁朋社）

ここではタロットは潜在意識、つまり内なる自分を明らかにするツールとして理解されている。それまでの秘教的タロットが「啓示」するのは、古代からの叡知や霊的宇宙の秘密であったが、ここにおいては、あらわにされるのは自分自身の内面である。つまりタロットは、一種の心理学的ツールとして理解されるようになったのだ。

こうしてタロット占いは、お仕着せの知識や論理に対する直感の勝利の象徴となり、さらには自分自身の潜在的な可能性を知って人生をよりよく生きるためのアドバイスを得るツールとなった。こうして、一気にタロットの大衆化が進んでいったのである。

ユング心理学による解釈の深化

ユングの肖像

グレイによってタロットの大衆化が進む背景には、カードの解釈を深化させるような動きがあった。スイス生まれの医師カール・グスタフ・ユングによるユング心理学が登場し、それが人間の感覚的・無意識的な部分を肯定するための理論的背景となったのである。これらの理論は、タロットなどの占いを一種の心理学に変容させ、たんなる未来予知や吉凶判断以上の意味を持たせる一助となった。グレイもまた、ニューソートばかりではなく、このユングの影響を受けている。

ユング心理学とタロット。このふたつがなぜ出合うことになったのだろうか。

そもそもユング心理学自体が、西洋近代の合理主義的な価値観を比較する傾向をもっていた。ユングは幼いころから自身の中にふたつの人格が存在すると感じていたという。No.1の人格は、近代的で合理的であった。しかし、No.2の人格は、古代的で非合理的、神秘的、宗教的な世界につながっているように感じられた。ユングの思想は、自分の内面にある近代の合理性（No.1の人格）と、近代以前の非合理的・神秘主義的な価値観（No.2の人格）という、本来なら水と油のように対立するものを統合しようとする格闘の末に生まれたとさえいえるのだ。

ユングは、西洋の近代とは別の——いわば西洋近代を「補完」（ユング派では補償、という言葉が好んで使われる）する伝統を積極的に探求した。東洋思想や古代のグノーシス主義、ヘルメス思想、とりわけ錬金術や占星術などがこれに当たる。占いもそのひとつで、とくにユングが高く評価したのは、東洋の易と西洋の占星術であった。

ユングの「元型論」

ユング心理学の核となるのは「集合的無意識」と「元型」という概念である。

集合的無意識とは、個人的な無意識のさらに下層に存在する広大な無意識の領域で、人類はこれを共有しているとユングは考えた。比喩的に説明するなら、海上に顔を出す小島が個人の表層的・自覚的な意識、海面下から海底までが個人の無意識、海底以下の領域が集合的無意識で、すべてはここから生まれてくるというのである。

また、ユングは、世界中の神話や伝承に共通のパターンがあることに着目した。たとえば、ドラゴンや化け物を退治する神話的な物語は、古今を問わず世界各国に見いだせる。ドラゴン退治を例にとれば、西洋では『ニーベルンゲンの歌』に登場する英雄ジークフリートやキリスト教の聖人ゲオルギウス、日本でもヤマタノオロチ伝説からコンピュータゲームの世界にいたるまで、そのモチーフが繰り返されていることがわかる。

いったいなぜ、このようなことが起こるのだろうか。

ユングは、集合的無意識の領域には、国や人種を超えて共通の神話を生み出すような普遍的モチーフが存在し、微妙に形を変えて古今東西の文化に出現すると考えた。それらのモチーフを「元型」と名づけたのである。

ユングが仮定した元型はさまざまだが、なかでも、インドの鬼子母神やギリシア神話のデメテルにみられる、すべてを生み出す一方で呑み込もうとする「グレートマザー（太母）」や、若く美しいヴィーナスのような男性にとっての理想の女性像である「アニマ」、女性にとっての理想の男性像である「アニムス」、本来の自分である「セルフ」などがユング心理学では重視されている。

こうしてみると神話ばかりではなく、われわれが作り出す物語や映画などにも、そのようなモチーフがあふれていることに気づくだろう。たとえばグレートマザーは、包容力のある肝っ玉母さん的な女性に象徴されるが、わが子を呑み込むという暗黒面が表れた場合は、過干渉によって子供をスポイルする母親となる。

元型は、人生の支えとなるような意味を帯びていると、ユングは言う。元型は生命の基盤であるからだ。こうした元型と適切な接触を果たすことによって、人は十全な自己実現を図ることができるのだ。

また、人間はそれぞれ、本来の自分自身を実現するように「個性化の過程」を歩んでいるというのがユングの考えであった。ユングによれば、表面的な意識の中心であるエゴと、意識と無意識の全体の中心をなす自己（セルフ）は、まったく別のものである。エゴは、エゴこそが自分自身であると考えているが、それは本来の自分のごく一部にほかならず、そればかりを発達させようとすると、バランスを崩すことになる。現代人は合理性ばかりを発達させようとするが、本来、心の中には非合理的なものも含まれる。神話にみる元型的なイメージは、心の中のさまざまな可能性の象徴であり、人間の内奥にある生のエネルギーの源泉であり、自己を実現する「個性化の過程」の道しるべでもある。

ユングは、この「元型論」によって、それまでは原始的な迷信と受けとめられていた錬金術や占星術に新たな光を当て、再解釈を試みた。たとえば、銅や鉛などの卑金属から黄金を製造する錬金術の謎めいた過程は、現実の化学変化を示すばかりではなく、心の成長ないし変容のプロセスを象徴するものだと考えた。鉛から黄金への変化は、実は未熟な人間が成長してゆく過程なのである。錬金術師たちは、フラスコの中で起こる化学変化に、自分自身の心の成長や変容の過程を投影していたというのである。占星術も同様である。星座や惑星は運命の支配者ではなく、心の動きを擬人化したものとなる。金星は、愛の運命であると同時に、恋する心の動きの象徴なのだ。

このようにして錬金術や占星術は、人間の心の最深部で起こるドラマの象徴的な表現とみなされ、元型的なイメージの宝庫へと変化していった。神話、魔術、易、そしてタロットも同様である。そこにみられる膨大な事象と象徴は、ユング心理学によって現代的な意味を与えられ、新たな命を得たのである。

集合的無意識の反映としてのタロット

カウンター・カルチャーやニューエイジに惹かれる人々が、ユング心理学に魅力を感じるのも無理はない。そこでは、近代合理主義が置き去りにし、捨て去った秘教的・異文化的な思想や象徴こそ、表層的なものにしか価値を見いださなくなった結果、渇ききってしまった現代人の心を癒やす大切な資源として再解釈されるからだ。

ユング心理学の視点に立てば、もちろんタロットも世界中の神話と同じように集合的無意識の表れであり、そこには多くの元型が見てとれる。たとえば、恐れ知らずのあどけない「愚者」は「プエル・エテルヌス（永遠の少年）」と明らかにつながっているし、真理を照らすランプを掲げた「隠者」は「オールド・ワイズ・マン（老賢者）」を彷彿とさせる。

もしも、現在の自分を占ったときに「愚者」が出てきたら、ピーターパンに代表される「永遠の少年」の元型が物語るような、好奇心のままにのびのびと行動していることを示すのかもしれないし、一寸先の危険を見落としているという警告かもしれない。「永遠の少年」が描かれたカードをどのように読み解くのかは、その人本人に委ねられる。カードの絵柄をキーワードとして、自らの深層心理を探り、そこで導き出されたものが、気づかなかった自分自身への答えなのだ。答えは自分が知っているのである。

このように、ユング心理学を取り入れたタロット占いは、占いをしている人の心理的な洞察力を深め、自分でも気づかない無意識の動きやトラウマの解決策を得るための重要なツールとなるのである。

このように解読を進めていけば、タロットの起源はもはや問題にはならない。古代エジプトであろうとルネサンスであろうと、人間の集合的無意識から生まれたのであり、そこに表れているのは、時代や地域を超えて人間に共通する普遍的なテーマなのだ。いわばタロットの起源は、歴史上の一点ではなく、人間の魂にあると解釈されたわけである。

ただし、ユング自身はタロットにかんしてまとまった考察は残していない。易と占星術には大きな論考を残しているだけに残念である。とはいえ、ユングがタロットに関心をもっていたのは事実で、ユングは一九五〇年代に、四名の女性たちとタロットの解釈にかんする実験をしていた。また、生前には公刊されなかったが、ユングは自ら主催していた私的なセミナーにおいて、タロットについてわずかながら言及していた記録がある。一九三三年三月一日におけるレクチャーで、ユングはこのように述べている。

「タロットのもともとのカードは、王、女王、騎士、エースなど……絵柄がいくらか違うだけの普通のカードおよびその他のカードからなります。諸々の象徴、つまり象徴的な諸状況の絵が描かれた二一枚のカードがあるのです。たとえば、太陽の象徴、逆さ吊りの男の象徴、雷に撃たれている塔、運命の輪などです。これらはさまざまな種類の分化した元型的観念で、無意識の通常の構成要素と混じっています。タロットはそれ自体、無意識の流れの構成要素を表そうとする試みです」(『ヴィジョン・セミナー』創元社)

つまりユングは、タロットが集合的無意識の内容を表す元型的イメージによって構成されているとはっきり述べているわけだ。さらに、このようにもユングは言う。

「(タロットは) 生の流れを理解しようとする直観的方法として使えます。たぶん未来の予測にもです。つまるところ、今の瞬間の状況を読むのに役立ちます。そういうところで易経に似ています」(同前)

関係者だけのクローズドな会だからこその発言であろうが、ユングは一九三三年の時点で、タロットが「未来の予測にも使える」、つまりタロット占いは当たるということを明言しているのである。よく知られているように、ユングは人生には「意味のある偶然の一致」がしばしば起こると考えていた。いわゆる虫の知らせなどの現象を認めていたのである。「シンクロニシティ(共時性)」とユングが名づけた、こうした現象のひとつとして占いがある。近代的合理性からすれば、いかにも怪しげなこの概念を公的に発表することをユングはためらい、実際に公にするのは晩年になってからのことなのであるが、少なくとも一九三〇年代の段階で、ユングはタロットにおけるシンクロニシティ現象について語っていたことになる。

だが、実際にユング心理学的なアプローチでタロットの発展に貢献したのは、次の世代のユング心理学者やユングの影響を受けたタロット実践者たちであった。

ギリシア神話に元型を重ねる「神託のタロット」

ユング派的なタロットでとくに取り上げたいのは、ユング派分析家リズ・グリーンと心理療法家のジュリエット・シャーマン=バークが製作した「神託のタロット」（原題 The Mythic Tarot）である。リズ・グリーンはユング派の分析家であり、とくに占星術を心理学的に深め、発展させた「心理占星術」のパイオニアとして、占星術の世界では絶大な影響力を持っている。一九八六年に初版が発売された「神託のタロット」は、グリーンの人気も相まってベストセラーとなり、今なお英国のタロットファンの間では、ウェイト=スミス版、クロウリーのトートのタロットに次ぐ、スタンダードなデッキとして認知されている。僕もこのタロットとの出合いには強いインパクトを受けた。

このタロットの大きな特徴は、七八枚の札すべてがギリシア神話に置き換えられている点だ。グリーンは、ユング心理学の考えにしたがい、ギリシア神話の物語は、人間の普遍的な経験のパターン、すなわち元型的な体験の象徴だと考える。

「人はみな、一二〜一五歳ごろに思春期という深遠な肉体的、感情的ステージを通り抜ける。だが、内面の主観的レベルでは、人生で何度もこの道を通る。そのたびに根本的に、幼く無邪気な視点を捨て、人生すべてを受け入れる覚悟を決めなくてはならない」

「神託のタロット」より、左から「カップのA」「恋人」「教皇」

このようなプロセスは、神話においては花を摘んでいた少女の女神ペルセポネを、突然、冥府の王ハデスが誘拐し、地下世界へと母神デメテルから奪い去る物語と重ね合わせることができる。タロットは、こうした元型的経験の表現であり、グリーンはその元型の物語性をより強調しようとして、ギリシア神話に置き換えたのである。

　彼女の「神託のタロット」では、才気と創造性を意味する「魔術師」は知性の神ヘルメスに、「死神」は冥府の王ハデスに、「女帝」は大地の豊穣の女神であるデメテル、「教皇」は傷と癒やしを司り、最高の教育者でもあった半人半馬のケイロン、「吊られた男」は神々から火を盗み、人類に与えた罰として断崖に縛りつけられたプロメテウスに置き換えられている。さらに特徴的なのは小アルカナのほうで、この四つのスートは、代表的な四つの神話の紙芝居として理解できるようになっている。冒険心やチャレンジを示す「棒」は英雄イアソンの物語のさまざまな場面を描く。愛を表す「杯」は、人間の娘プシケと愛の神エロスの恋物語、人生の悲劇を表す「剣」は代表的なギリシア悲劇オレステスの物語を、物質性を示す「金貨」は職人ダイダロスの人生の各段階を描く。

このタロットを使うことで、占う側も占われる側も、神話世界を味わい、自らが直面している心理的課題をより明瞭に意識化することになる。

神話学のスター、ジョセフ・キャンベル

神話とタロットがつながったところで、もうひとり、ぜひ触れておきたい人物がいる。アメリカの神話学者ジョセフ・キャンベル（一九〇四〜一九八七年）である。キャンベルの名前になじみがないという方でも、もしあなたが映画監督ジョージ・ルーカスの『スター・ウォーズ』を楽しんだことがあるのなら、間接的にはキャンベルの思想に触れていることになる。ルーカスはキャンベルを心の師と仰いでおり、そのストーリーのことごとくがキャンベルの神話学の定理に一致していると、ルーカス自身も言っている。キャンベルが一般の人々に知られるきっかけになったテレビシリーズ『神話の力』は、ルーカス邸で一部ロケが行われたことからも、ルーカスとキャンベルの関係の深さがわかるだろう。

幼い頃からネイティブ・アメリカンの文化に魅了されていたキャンベルは、アーサー王伝説の研究者として出発する。さらに幅広い文化に関心を広げ、すぐれた語学の才能を発

揮していくつもの言語を習得し、世界中の神話を渉猟する。その最初の大著は『千の顔をもつ英雄』(一九四九年)であった。この本にはユングの強い影響がみられる。さらに『神の仮面』(全四巻)でその名声を不動のものとした。また、一九三三年以降、ユングを中心に世界中から最高峰の知識人が集まり、スイスのアスコナで年に一度開催されたエラノス会議の年報の編者にもなった(日本からは鈴木大拙や井筒俊彦らが参加している)。

キャンベルの出世作『千の顔をもつ英雄』は、インド神話からアーサー王伝説、ギリシア神話、北欧神話など、考えられる限りの世界中の神話の引用につぐ引用からなり、神話になじんでいないと耳慣れない神名、人名に翻弄《ほんろう》される可能性がある。しかし、キャンベルの理論は実にシンプルである。それを押さえておけば、楽しく読める。

キャンベルによれば、世界中の神話はどんなに多様に見えても、ユングの言うように基本的には同じ構造を持っている、とくに英雄の物語はそうだ、と言うのだ。英雄は、平凡な何者でもない存在として出発するが、やがて「召命」を受けて苦難の旅に出る。故郷を「離脱」するのである。そして師匠や仲間とともに「試練」をくぐり抜け、ついには得がたい宝や伴侶を手に入れ、成長してもとの世界に帰還する。その英雄的行為によって、もとの世界は生まれ変わり、生命力を得るのである。キャンベルの言う神話構造は円環を成している。この円環をきれいになぞる物語もあれば、その一部だけを描くものもあり、その失敗を描くものもある。神話はまさに多様である（千の顔を持つ）一方で、その構造は同じだと言うのである（単一神話説）。

こうくれば、『スター・ウォーズ』はまさにキャンベルの神話理論をなぞるように作られているのがわかるだろう。辺境の惑星に生まれ育った主人公ルークは、レイア姫からの救難信号を受けて冒険の旅へと出発し、師匠や仲間と出会う。そして死と隣り合わせの試練をくぐり抜けることで過去の自分から成長し、自分自身の影でもある敵を倒す。そして、世界を救済するのである。

心の成長プロセス

キャンベルによれば、英雄神話は単なる研究対象ではなく、自分自身の道を歩もうとする人にとって人生のお手本になるという。

ところで、キャンベル本人はタロットについて論じているのだろうか。答えはイエスである。キャンベルの著述のなかではごく短いものであるが、「マルセイユ版デッキのシンボリズム」というエッセイがある。晩年のインタビューから、キャンベルがどのようにタロットと出合ったかも知ることができる。それによれば、キャンベルがタロットに関心を持ったのは一九六七年、カリフォルニアのエサレン研究所で教鞭をとっていたときだったと言う。ある生徒が「先生はタロットの寓意について何か語ることはありますか」と質問したところ、キャンベルは「ではタロットをひと組、渡してください。部屋に持って帰って見てみます。明日には何か話しましょう」と言った。その質問の答えがこのエッセイの基礎となっているらしい。

キャンベルは大アルカナに注目し、これが魂の成長プロセスを象徴すると解釈した。タロットの大アルカナは、何者でもない「愚者」が、さまざまな人生の経験を積んで成長してゆくという「愚者の旅」という神話物語として解釈してゆくことが可能になる。実際、グレイも含め、このような心の成長の旅路としてタロットを解釈する向きは多い。現代のタロット教本のほとんどはこのようなスタンスをとっており、その著者たちがユングやキャンベルの著書を実際に読んでいるかどうかは別にして、ユング＝キャンベルの思想の影響下にあるのは間違いないのだ。

「愚者」はカードのサイクルの外側に置かれ、どこにも属さないとともに、全体を内包する。「魔術師」から「皇帝」までは、若年期から壮年期までの人生の段階であり、「教皇」において世俗の関心から精神的な関心へと移行する。「節制」の札では、地上的生命が精神的、霊的生命の器へと注ぎ移されることが示される、といった具合である。キャンベルらしく、ダンテの『神曲』のモチーフとの比較もなされている。

残念ながら、キャンベルのタロットの歴史の知識は、現在の水準からすると貧弱で、誤りが多々ある。肝心の、タロット＝精神的成長モデル説を裏づける文献的証拠もない。大体、ひと晩だけタロットを眺めて思いついたことを語っているにすぎないのだから、まったくの主観的な連想の積み重ねにすぎないと批判されてもしかたがあるまい。しかし、これはこれでユング派的にいえば、ひとつの方法論なのである。

ユング派ではこれを「拡充法」という。クライアントの夢を分析するとき、分析家はその夢と似た神話や宗教的象徴を連想し、イメージを広げていく。夢が無意識から出ているのなら、神話もまた無意識から出ているので、そのコード（記号）を解読するために、似たような神話を比較参照することには意味があると考えるのである。むろん、この方法は、歴史的に厳密な神話学とは一線を画するものではある。しかし、人の心の普遍性を考えた場合には、このようなアプローチにも意味があるだろう。また、このような連想（拡充法）も客観性があるとは言いがたい。ただし、これを文字どおりに受け取り、教義やお題目のようにしてしまっては意味がない。あくまでも心を動かすためのヒントにとどめるべきであろう。その意味でこのエッセイは、稀代の神話学者のイマジネーションが、タロットをどのように「拡充」し、解釈したかをうかがえる貴重な資料となっている。

また、キャンベルはタロットの象徴を「解釈」したばかりではなく、実際に占いも体験している。一九七一年四月四日、詩人でありタロット実践者であるリチャード・ロバーツが、キャンベルとタロットのセッションを行っており、その記録がロバーツの著書に掲載されているのだ。二二枚のカードを円形のマンダラ状に展開する「ユンギアン・スプレッド」という方法で行われたこの占いは、晩年にさしかかったキャンベルの人生を振り返るセッションになっている。

すべてを紹介する紙幅はないが、最初にロバーツが引いたのは「皇帝」であり、これはキャンベルの意識的なアイデンティティを示すものとみなされている。キャンベルは、アーサー王物語や聖杯探求の伝承に深い関心を寄せており、これが研究の出発点となった。ロバーツの目には、「皇帝」はアーサー王伝説の登場人物のように見えた。またキャンベルは、陸上競技の記録を保持するアスリートでもあった。身体的能力にも恵まれた「男性」として外的世界、現実世界で生き抜いてきたのである。面白いのは「父親」を表す位置に出た「魔術師」である。通常のタロット占いにおいてこの札は、創造性や若々しいスピリット、あるいは知識などを表すとされる。しかし、このセッションにおいて、テーブルにさまざまな小物を並べた魔術師（あるいは奇術師）は、ロバーツにもキャンベルにも、教科書的な読み取りとは異なり、まるでつまらぬものを売り歩く行商人のように映った。実際、キャンベルの父はセールスマンであり、ビジネスで大きな成功と、大恐慌による失敗の波を経験していた。キャンベルは、父とはまったく異なる道を歩むことになるのだが、そのキャンベルから見た父親のイメージが、ここに投影されている。

このように、インクの染みが何に見えるかで心を探るロールシャッハ・テストのようなタロットの使い方がなされていることは、タロット解釈の可能性の広さを示すとともに、タロットの心理学的な使用法がすでに確立されつつあり、その現場にこの偉大な神話学者が立ち会っていたという貴重な歴史の記録でもある。

エスニック・タロット

二〇世紀後半、タロットの解釈は、ユング心理学やキャンベルの神話学によって深まっていったが、大きな変化はそれだけではない。タロットというものをひとつの表現形式として、そこに近代的な西欧文化「以外の」価値観を描き出す動きがさかんになり、まったく新しいユニークなデザインのカードが生まれるようになったのである。その一例が、世界各国の民族の文化をカードの絵柄に反映したエスニックなタロットだ。

東洋にインスパイアされた物を例にすれば、「禅」をテーマにしたその名も「ZEN TAROT」や、中国文化をテーマとし、孔子や天帝が絵柄に出てくる「チャイニーズタロット」が挙げられるし、ヨーロッパの先住民族ケルト人の世界を描くものや、アフリカの民族を描くものなど、枚挙にいとまがない。

ここでもまた、カウンター・カルチャーの動きが大きな役割を果たした。「自文化中心主義」への反省が行われるなかで、これまで「未開」「野蛮」と見なされてきた民族の精神性や文化のなかに、西洋が失ったあるいは発見できなかった大切なものがあるのではないかという期待が生まれ、そのような文化が注目されたのである。

一九六八年には、こうした潮流を一気に推し進めるような衝撃的な著作が発表され、知的階層の関心を引いた。その著作とは、カリフォルニア大学出身の人類学者カルロス・カスタネダによる『ドン・ファンの教え』である。

古いスタイルの人類学では、研究対象とする民族の社会的な構造などをなるべく客観的な立場から記述することが求められたが、カスタネダがとった方法論はまるで正反対のものだった。彼は、ヤキ・インディアンのシャーマンであるドン・ファンに弟子入りし、自らシャーマンの修行をすることで、彼らの精神世界に入り込んでいった。そして、シャーマンとしての視点と近代的な西洋人としての視点を往き来しながら、フィールド・ノートを作成していったのである。

彼のフィールド・ノートは、最初のうちこそ人類学者の記録ノートだったが、次第にシャーマンの視点に立って現実を認識する傾向が強くなり、シャーマンの世界を内側から描く小説仕立ての作品へと変容していった。読者はそれを読み進めるうちに、人間が認識している現実というものが、実は絶対的なものではなく、文化という枠組みにとらわれ、左右される相対的なものであることに気づくのである。

『ドン・ファンの教え』に始まるカスタネダの一連の著作はベストセラーを記録し、批判も多かったが、意識の変容を求める多くの若者のバイブルになった。今もなお、この手のスタイルを持つ半フィールド・ノート的な自伝は生まれ、「シャーマノベル（shamanovel）」というべきひとつのジャンルを形成している。

「マヤン・タロット」

カスタネダの影響を受けて、一九七六年には、エスニック・タロットの先駆けとなる「マヤン・タロット」が発表された。制作者は、ニュージーランド出身の作家でアーティストのピーター・バリンである。バリンは、マヤ文明の研究を進めるなかで、マヤの神話や文化とタロットが同じ構造を持っていることに気づいたという。マヤとタロットの間には直接的な関係はないが、このふたつは同じ真実を別なかたちで表している、とバリンは主張した。ユング心理学的にいえば、両者は共通の元型から派生しているのである。

「マヤン・タロット」の絵柄はマヤの神話世界を表現し、各カードにはマヤ暦の日付を示す記号が描かれている。バリンによれば、大アルカナのうち「愚者」と「魔術師」に当たる二枚を除いた二〇枚が、五枚ずつの四グループに分かれ、四つの段階を示す。マヤ暦では一ヵ月が二〇日だが、この二〇枚はその日付に対応し、四つの段階は、シャーマンが成長していく段階に相当する。そして「愚者」と「魔術師」は、カスタネダの著作にあるような弟子（カスタネダ）とシャーマン（ドン・ファン）との関係を示すという。まさしくこのカードには、六〇年代後半に見られるシャーマニズムの再評価と、異文化への憧れが強く表れているのだ。

これ以降、さまざまな文化を表現したタロットが次々と登場していった。たとえば、ゴンザレス夫妻が制作した「ネイティブ・アメリカン・タロット」は、アメリカ先住民の世界を舞台とする。

アメリカ先住民ショーニー族の血をひくマグダ・ゴンザレスは、幼いころから神秘的な世界に憧れ、数多くのタロットを集めてきたが、いずれも自分たちの伝統やライフスタイルにフィットしないことに気づいた。そこで、画家であり音楽家でもある夫のJ・A・ゴンザレスと、シャーマンであるハリー・スパロウホークの協力を得て、タロットの絵柄をアメリカ先住民の民族文化に置き換え、その精神性を伝えるものに改変したという。

「ネイティブ・アメリカン・タロット」には、ショーニー族をはじめ、スー族、ホピ族、ナバホ族など、さまざまな部族の神話や暮らしが描かれている。カードのタイトルも改変され、「教皇」は「シャーマン」に、「戦車」は「そり」に、「月」のカードでは、弓を引く女性の姿が月に描かれ、それに向かって狼が遠吠えをしている。

おそらく、このカードを手に取る者は、アメリカ先住民の世界に触れ、自然とともに暮らす人々の生き方や哲学に思いを馳せることだろう。

エスニックなタロットを広げていると、西洋の伝統的な象徴とそれ以外の文化が見事に結合し、より豊かな世界を形成していることに気づく。そして、ルネサンス期に西洋的文化を土壌として誕生したタロットが、実はその構図やイメージに、普遍性＝ユニバーサリティと、可塑性＝フレキシビリティの両面を備えていたことに驚かされるのである。

女神崇拝とフェミニズム

新たな世界観や価値観を描き出したのは、エスニック・タロットだけではない。カウンター・カルチャー、ニューエイジという流れが果たした重要な価値観の刷新のひとつに、女性の解放と女性性の再評価がある。そしてそこから起こった「女性の霊性」運動も、数々の新しいタロットを生み出していった。

すでに述べてきたように、一九六〇年代以降の近代合理主義社会は、行き詰まりを迎えていた。半永久的に豊かさを生み出すはずだった産業技術の進展が、地球の資源を枯渇させ、環境破壊を引き起こすことが明らかになってきたからだ。

そのような状況を受け、文明と自然の共生をテーマとしてさまざまな価値観が模索されるなかで、女性性という概念が注目を集めるようになった。折しも六〇年代から七〇年代のアメリカでは「第二波フェミニズム」と呼ばれるムーブメントが発生していた。公民権運動に触発された女性たちが、社会や家庭における自らの立場を見直し、男女間の不平等をはじめとする現代社会の欠陥に気づいて声を上げはじめたのである。

急進的フェミニストで神学者のメアリ・デイリーは、キリスト教に代表される一神教的男神崇拝が、女性を劣位に置く父権的社会を合法化し、自然破壊を助長したと指摘した。この対極にあるのが、女神崇拝を特徴とする母権的社会で、そこでは女性や自然が尊重されるという。

タロットとの関連性という意味で、注目すべきは、エコフェミニズムとスピリチュアル・フェミニズムである。この流れはユング派心理学者とも相性がよく、たとえばユング派の心理学者エスター・ハーディングの著作『女性の神秘』などが、この流れではよく引用される。ハーディングは、同書で月の女神というシンボルを取り上げ、この女神が母権的社会に属していること、また、女性の本性とは月の女神に由来する創造性と破壊性であり、女性の豊穣性そのものの元型的象徴であると分析した。

なお、女神崇拝というのは、フェミニズムを知るうえでキーワードのひとつといえるだろう。両者を結びつけることになったのは、一八六一年に、スイスの文化人類学者J・J・バッハオーフェンが著した『母権論』である。この書の中でバッハオーフェンは、母権的社会の特徴は、女神崇拝や女性の宗教的指導力が基盤となっていることだと述べた。また、膨大な量の神話や伝承、古典文学などをひもとき、キリスト教以前の古代に、女神崇拝をひとつの核とする女性優位の社会体制が存在していたことを確認しようとした。

しかし、そういう社会が古代に存在したとは実証されていないし、一種のファンタジーという批判さえある。とはいえ、歴史的事実ではなくても、女神という元型にアプローチすることは、フェミニズム運動にとって有効なことだったと思われる。

エコフェミニズムとスピリチュアル・フェミニズムを支持する人々が目指したのは、それまで父権的社会において抑圧されてきた女性性を解放し、のびのびと開花させることである。また、彼女たちは、こうした考えにもとづき、父権的社会のライフスタイルとは異なる暮らし方を求めた。たとえば、ハーブの活用や家庭菜園、四季折々の祝祭的儀式、芸術、占いなどが主な活動となった。

このような「女性の霊性」運動は、日本ではあまり広がりをもたなかったが、アメリカでは大きな影響力を持ち、一九八〇〜九〇年代には、大手出版社ハーパー・アンド・ロウなども「女性の霊性」だけを扱ったムック形式のカタログやアンソロジーを刊行していた。

近代合理主義と対極にあるととらえられたタロットも、そうした「女性の霊性」運動のなかで大きなツールとなり、さまざまな作品が生まれていった。代表的なところでは「ヒーラー、教師、芸術家、そして著述家」のヴィッキー・ノーブルが、一九八三年に発表した「マザーピース・タロット」（まずは書籍として発表）がある。

円形のマザーピース・タロット

ノーブルが「女性の霊性」運動に触れたのは、七〇年代であった。この運動に触発され、瞑想などの実践と神話研究に取り組みはじめた彼女のもとへ、ある日、ウェイト版タロットを持った友人が来訪し、占いをして見せた。ノーブルは、自身の研究対象である女神崇拝に通じるものをカードの図柄に見いだし、好奇心をそそられた。「女教皇」は月の変幻を、「女帝」は女性の積極的な性的側面を表すと、ノーブルの目には映った。

ノーブルが、独自のカードを製作しようと思いたったきっかけは、自分が使っていたカードのうち二枚を紛失したため、付録についていた空白のカードに絵を描いて代用しようとしたことだ。このとき、カードを描くことが思いのほか強烈な体験であることに気づいたノーブルは、志を同じくする友人のカレン・ヴォーゲルの協力を得て、まったく新しいカードの製作に取りかかった。こうしてできあがった「マザーピース・タロット」は、カードが円形で、ほとんどの登場人物がさまざまな文化の女神や女性たちであるという、きわめてユニークなものであった。

そこに表現された絵柄は、ノーブルが信奉する「女性の霊性」に貫かれている。彼女がカードを円形にしたことを見ても、それは明らかだ。旧来の四角いカードからは、構造や思想の固さ、あるいは明確に区別された社会階層が連想される。それに対して丸いカードは、しなやかな構造と感性を備えた社会を思わせる。

絵柄に目を移してみよう。たとえば「魔術師（奇術師）」のカードには通常、男性の奇術師がテーブルの上に並んだ道具を扱う様子が描かれている。一方、「マザーピース」では、ジャガーまたはヒョウらしき獣の皮をまとった女性のシャーマンが踊っている。

こうした絵柄は、ノーブルとカレン・ヴォーゲルが推測した先史時代の再現図にもとづくものだが、その推測は、あいまいな想像から生まれたわけではない。先史時代のスペインの洞窟画などの考古学的資料、あるいはインドやネイティブ・アメリカンの神話など、世界中の「女神文化」を渉猟した成果をもとに構成されているのだ。

「マザーピース・タロット」より「悪魔」

ノーブルの考えでは、人類最古の宗教者は女性のシャーマンであるという。そしてこのカードは「人類が動物たちと同じ運命を生きていることを理解していた時代」を表現している。つまり、父権的な文化によって失ってしまった自然との一体感がテーマなのだ。

実際の占いでこのカードを引いたときには、どう解釈すればよいのだろうか。ノーブルによれば、「マザーピース」の「魔術師」には、力強いエネルギーやエロスの力が内部に渦巻いているので、それを引き出して、「だれも傷つけない限り前に進め」というメッセージが得られるという。

伝統的なタロットの構図とはまったく異なり、「女性の霊性」らしい思想が前面に押し出されているのは「悪魔」のカードである。ここには古代のピラミッドが描かれ、その頂点にはヒゲを生やした権力者らしき男性がいる。これは階層的な構造をもつ父権制社会を表している。ピラミッドの各段には、鎖でつながれた人々が立ち、その手には貨幣と武器が見える。つまり、父権制社会においては人々が経済と軍事力によって縛り上げられ、奴隷とされていることが示されているのである。これこそ、「マザーピース」の理念の対極にある、悪魔的なものなのだろう。

さて、「マザーピース」以外にも「女性の霊性」運動から生まれたカードは多い。神話学者・歴史学者のバーバラ・ウォーカーは、神話学的知識をもって「バーバラ・ウォーカー・タロット」を製作した。このタロットでは、小アルカナの人物札が、すべて女神または聖杯伝説の登場人物になっている。また、子宮を思わせるシンボルや、地母神の三相(若い娘・妊婦・老婆)を思わせるイメージが繰り返し登場する。

ほかにも、フィオナ・モーガンらの「ドウターズ・オブ・ムーン(月の娘)・タロット」、「ガデス・タロット(女神のタロット)」などが続き、今ではそれこそ数多くのフェミニズム系デッキがある。

なお、先に少し触れたが、「女性の霊性」運動には批判が向けられることもある。批判者たちは、古代の女神を中心に据えた文化の実在性は、歴史上、証明されていないことを指摘する。また、自然と女性を同一視することは、結局のところ裏返された男性中心主義(男性＝反自然、女性＝自然)の枠組みにとらわれていることにほかならないのではないか、という見方もある。

しかし、そのような批判を受けたとしても、「女性の霊性」運動が創造的な作品を生み出し、共同意識や連帯意識をはぐくむことで、現代社会で行き場を見失った女性や一部の男性が励まされているという事実に変わりはない。女性の内なる力に由来する新しいタロットが生まれ、愛好され続けていること自体が、それを雄弁に物語っている。

LGBTタロット

こうした「女性の霊性」運動は、男性に比べて社会的弱者であった女性を主役に置いているという点で画期的なものであったが、さらに九〇年代に入ると、タロットの世界では、LGBTなどの性的マイノリティにも光を当てるようになってきた。たとえば、一九九八年には「コスミック・トライブ」という、CGによる写真合成のタロットが発売された。このタロットには「恋人」のカードが三枚も含まれている。一枚は伝統にのっとり、男女のヘテロセクシャルのカップルが描かれるが、残る二枚には男性同士、女性同士のカップルが描かれている。「恋人」が常に男女で描かれるというのは、異性愛中心主義の表れにほかならない。性の多様性を損なわないためには、同性愛もきちんと組み込むべきであるという主張がなされているわけである。

さらに二〇〇四年には、その名も「ゲイ・タロット」が出版されている。男性の同性愛

「ゲイ・タロット」より
15番のカード、「自己嫌悪」

を描き出すものであるが、むろん内容は、ポルノグラフィックなものでもゲイをカリカチュアライズして嘲笑するものでもない。性的マイノリティの状況に寄り添うことを意図している。「悪魔」に相当するカードを見てみよう。このカードは「自己嫌悪」と改題されている。ひとりの男性が、異性愛の幸福そうな家庭を描いた写真あるいは絵画を、暗い部屋の中で悲しそうに見ている様子が描かれている。付録のブックレットによれば「あらゆる少数者を排除しようとする罠、無意識的に社会の規範を受容する、低い自尊心」という意味がつけられている。

　このようにジェンダーを前面に押し出したタロットは、社会に対してのメッセージであると同時に、女性やLGBTなどが抱える問題を意識化し、勇気づける（エンパワーする）ツールにもなっているのである。

芸術作品として

一九七〇年代以降に生まれたエスニック・タロットや「女性の霊性」タロットは、その制作者たちが、タロットという枠組みを活用して社会的なメッセージを放とうとしている側面がある。しかし、すべてのタロット制作者が、それを企図しているわけではない。純粋な芸術作品、実験的な美術作品としてのタロットも存在しているからだ。

ただ、タロット作家の多くは、前衛的で変わり者だと言ってもよいだろう。ここまで見てきたように、一八世紀以降、タロットに宇宙の神秘を求めた人々も、大なり小なり社会からはみ出した変わり者であったと言える。

ここで少し趣向を変え、文学作品の中に描かれたタロットを挙げていこう。二〇世紀に出現したシュルレアリスムや、魔術的リアリズムを描いた文学の潮流のなかでも、タロットは重要なモチーフのひとつとなっている。

たとえば、フランスの詩人アンドレ・ブルトンの『秘法十七番』は、タロットの「星」のカードの忠実な描写を含んでいるし、一九二二年に発表されたT・S・エリオットの詩『荒地』には「聖杯伝説」とタロットが暗示的に登場する。また、イタリアの文学者イタロ・カルヴィーノの幻想小説『宿命の交わる城』では、不思議な城に迷い込んだ旅人の前で、もの言わぬ奇怪な客たちが、テーブルの上に広げられた札によって自らの来歴を語る。

我が国の状況を見てみると、純文学では詩になるが、入沢康夫の『お伽芝居――Tarotのカードによる詩論の試み』(『季節についての詩論』所収、一九六五)がある。一方、推理小説やライトノベルでは、タロットがさかんに登場する。斎藤栄による『タロット日美子』シリーズは代表的なところであろうし、最近では国沢裕による『タロット占い師珠夢の羅針儀』（コスミック文庫α）などがある。日本ではコミックやライトノベルに頻出するほか、女性誌や少女向け雑誌に付録として付けられることが多い。これらは、いわゆる「カワイイ（kawaii）」カルチャーのひとつとして、海外のタロットファンの間でも注目を集めている。日本におけるタロットの受容の一側面として見逃せない（後述）。

　さて、絵柄の話に移ろう。タロットの絵柄は、ルネサンス期には技術の高い画家によって描かれたこともあるが、それ以降、画壇の有名人が描くことは少なかった。しかし、二〇世紀後半から現在にいたるまで、さまざまな芸術家たちがタロットを描いている。

「タロット・ユニバーサル」（ダリのタロット）より「魔術師」

　スペイン出身のシュルレアリスムの巨匠サルバドール・ダリもそのひとりだ。彼が制作した「タロット・ユニバーサル」は、金縁の豪華な七八枚のセットで、1の「魔術師」にはダリの自画像が、3の「女帝」には恋人であるガラの姿が描かれている。また、有名な名画や彫刻をコラージュしているので、どこにどんな作品が使われているのかをチェックしてみるのも楽しい。伝統的な画面構成と画家の創造性が見事に融合した傑作といえる。今も市販されているので、ぜひ手に取っていただきたい。

ニキ・ド・サンファルの立体作品、「タロット・ガーデン」

また、先述した「女性の霊性」運動とも関連するのだが、女性の現代アーティストとして人気の高いニキ・ド・サンファル（一九三〇～二〇〇二年。本名はカトリーヌ・マリー＝アニエス・ファル・ド・サンファル）が造り上げた「タロット・ガーデン」は大きな注目に値する。これは紙に印刷された二次元の作品ではなく、立体作品だ。しかもイタリアはトスカーナ地方にある庭園をまるごと、タロットの世界として設計し、その中に大アルカナ二二枚をテーマにした巨大でカラフルな彫像を配するという、ほかに例のない作品なのである。この作品はことに興味深く、また重要だと思われるのでやや詳しくご紹介することにしたい。

アンディ・ウォーホルとも並び称されることがあるニキは、連作「ナナ」に見られるような豊満なフォルムとカラフルな色使いの女性の彫像でよく知られている。ニキは、フランス系貴族の父とフランス系アメリカ人の母の間に生まれるが、その後には両親とともに

ニキ・ド・サンファルの「タロット・ガーデン」
©NCAF/ADAGP, Paris & JASPAR, Tokyo, 2017 G0850　撮影：黒岩雅志

アメリカで暮らすようになった。厳格なカトリックの教育を受けるも、女性差別、戦争、政治思想の対立といった社会の矛盾につきあたる。キリスト教教育のなかで教えられてきたことと、社会の現実とのギャップに、ニキは目をつぶることができなかったのだろう。一九五三年には精神のバランスを崩し、ニースで入院する。このときに受けた精神療法が絵画やコラージュ作品を作るものであったことから、元来の芸術的な志向もあって美術の世界に入り込んでゆく。

一九六〇年、ニキは家族と離れ、スイス人芸術家で生涯のパートナーとなるジャン・ティンゲリーと出会う。翌六一年には、絵の具を入れた缶や袋をオブジェの前に置き、それをライフルで撃ち抜くという過激な「射撃絵

画」のパフォーマンスを敢行した。このパフォーマンスはテレビで放映され、「ヴォーグ」や「ハーパースバザー」といった一流ファッション誌でモデルを務めるほどのニキの美貌とあいまって大成功を収める。伝統や規範に反旗を翻す若き女性芸術家の姿は、人々の心をつかんだ。

ニキの作品のなかでも人気の高い連作「ナナ」は、彼女の芸術の大きな特徴をよく示している。友人の妊娠をきっかけに造られたナナ像は、自身がかつて演じたようなファッション誌のスレンダーなモデルとはまったく対照的で、胸や臀部を誇張したそのフォルムは石器時代のヴィーナス像そっくりである。このヴィーナス像に原色の彩色を施せば、ニキの作品ができあがるといってもよいだろう。ニキ自身は、こうした原始の女神像を知らないままに作品を制作したといっている。そして、のちに古代の女神像を見たニキは、自分の作品との類似性を認める。ニキは、性や妊娠、出産がタブーではなかった時代の母権的な意識と共振したのだ。ユング派の心理学者なら、ニキはアルカイックで母権的なグレート・マザーの元型と接触したということだろう。このようなパワフルな女性のイメージは当時の欧米社会では大いに挑発的だったのである。

ニキは、一九六〇年代にタロットに出合い、そのシンボリズムに熱中する。ニキと親交の深かった増田静江によると、ニキは「タロットカードは私の友であり、肌身離さず持ち歩き、常に見ています。……タロットは世界や人生の問題を理解するのに必要なもの。……タロットは私にとって道であり、人間はその道を行く旅人なのです」と語ったという（『タロット・ガーデン』ニキ美術館）。

世界的にもタロットが熱いブームであった七八年に、ニキはタロット・ガーデンの制作にとりかかり、以後、ライフワークとしてこの作業に打ち込むようになった。

タロット・ガーデンに設置された巨大なオブジェは、いずれも強いインパクトを与えるものだが、なかでも異彩を放つものは「女帝」である。セメント、鉄筋、鏡、透明ガラス、陶器で造られた、スフィンクスのような姿をしたこのオブジェのサイズは、八三〇×一一八〇×二〇〇〇センチであるというから、もはや小さな建造物である。ニキは言う。「〈女帝〉こそが偉大なる女神。彼女は空の女王、母、娼婦、感情、聖なる魔法、そして文明。……」（同前）

神話的、元型的イメージは、聖女と娼婦、少年と老人、善と悪といった相反するものをその内部に抱え込むという。ニキの「女帝」は、女性の聖性と魔性、精神性と肉体性を併せ持っている。

ほどなくしてニキは、この「女帝」の内部を住まいとした。象徴的にも物理的にも、ニキはこの大いなる「母」の体内＝胎内に戻り、癒やしを経験したのである。それはおそらくニキにとって、自分自身の癒やしであると同時に、女性たちが父権的な歴史のなかで集合的に受けた傷を癒やす儀式であったのかもしれない。現在、ニキのタロット・ガーデンは、観光ガイドブックなどには載らず、時期を限定して開けられていると聞く。それは現代アートによるタロットの聖域であり続けているようだ。

サブカルチャーとの融合

ダリやニキほどの世界的な芸術家でなくても、イラストレーションの世界で活躍しているアーティストも、次々にタロットを発表している。たとえば、ニューヨークで絵本画家として活躍したイラストレーター、デイヴィッド・パラディーニの「アクエリアン・タロット」は、淡く繊細な色彩と大胆なデザインで多くのファンを獲得した。

日本の作家では、ゲーム「ファイナルファンタジー」のキャラクター・デザインを手がけた天野嘉孝が、幻想的なタロットを発表している。漫画家たちもタロットを好んで描いたようで、早いところでは「パタリロ！」で知られる魔夜峰央、少女漫画家のまつざきあけみ、また九〇年代に入ると清水玲子などもタロットを描き、出版している。すっかりレアなものとなっているが、「ゲゲゲの鬼太郎」の水木しげるもタロットを出している。正確には描き下ろしではなく、既存の絵などを流用しながらの作品ではあるが、七八枚すべてが妖怪の絵になっているのが貴重だ。「愚者」がねずみ男に配当されているところなど、ファンはニヤリとするに違いない。手前味噌になるが、この水木しげるの妖怪タロットの解説、監修は僕が担当させていただいている。

そのほかで面白い手法のものを挙げると、一九九二年にジェーン・ライルが発表した「ラバーズ・タロット」は、ミケランジェロ、ラファエロをはじめとするルネサンス期の巨匠のアートをコラージュしたもので、非常に美しい。有名な絵画をすぐさま想起させることから、独自の喚起力を持っている。

それ以外にも、写真で構成したタロットや、ピノキオなど童話のストーリーをそのままタロットにしたものなど、数え上げればきりがない。つまりタロットは、ありとあらゆる創作活動の実験場となっているのだ。

日本におけるタロット史

このあたりで、日本におけるタロットの受容と発展についても簡単にご紹介しておきたい。日本には、戦国時代にポルトガル経由で西洋のカードゲームが渡来したほか、「うんすんかるた」と称する独自のカードも製作されていた。ただし、これはタロットではない。

日本でタロット占いのマニュアルが一般向けに紹介された時期は、少なくとも一九三一年にさかのぼることができる。河合乙彦が、著書『西洋運命書』(春陽堂/昭和六年)のなかで、ウェイト=スミス版のモノクロバージョンの付録とともに、タロットのハウツーを紹介しているのである。同書は、西洋のさまざまな占い(占星術、手相術、トランプ占い、西洋の易、水晶透視など)や、さらにはモルモン教、降霊魔術などの雑多なオカルト知識を集めたいわゆる雑占書であるが、このなかに「タロットカードの運命判断」が登場する。それによれば「タロットは古代埃及《エジプト》人から伝はつた現在最も古いカードの一つで、今日ではジプシーなどが唯一の娯楽品でもあり、経典でもあり、彼らにとつて無二の書籍として、携帯して居るのである」と、紹介されている。

ほかでは見られない記述として面白いのは、次の一文である。

「タロットによる運命判断を正確に占ふとすれば、札を三組持たなくては駄目である。一つはお前だけの吉凶を表し、他の一つはお前の子供の運命を表はし、残る一つは死後のお前の運命を表すのである」。さらに続けて「そして第一はキーもつけない。第二は完全で、第三はキーカードだけで、平生絹のきれで包んで、杉の箱に収めておくのである」

占いに使うカードは神聖なものであるから、使わないときは絹の布に包んで木箱にしまうように、という指示は、イーデン・グレイ以降のタロット入門にもしばしば見ることができるが、同じセットを三つ持たなければならないというのは、ほかでは見たことがないように思う。また、ここでいう「キー」ないし「キーカード」というのが何を意味するのかは不明なのだが、これが切り札、大アルカナのことだとしたら、自分のことを占うのには大アルカナを使わず、小アルカナだけを使うべしという異例の指示だということになる。海外の本を翻訳する段階でミスが起こったか、あるいはこの著者独自の考えによるものか、あるいは何か別のことを意味しているのか、興味深いところだ。

また、大アルカナの順序について、マルセイユ系の8＝正義、11＝力と、付録になっているウェイト＝スミス版の8＝力、11＝正義という解説が併存しているのも、海外の情報を未消化のまま取り入れているさまがうかがえ、草創期の先人たちの苦労がしのばれる。

一九三一年には、日本におけるオカルティズム研究と紹介の先駆者、酒井潔が、著書『降霊魔術』（春陽堂）の錬金術の項目で、いかにも怪しげなものとしてタロット（文中ではタロ）について言及した。いわく「タロとは中世期頃各国で行はれたカルタの一種で、普通二十二枚あり、其の絵画は、甚だ奇怪なもので、これを以て種々の魔術に応用された」。つまり、タロットを魔術の道具として紹介しているのだ。

その後、トランプを紹介する一環として、タロットが紹介されることもあったが、一般の層へのタロットの広い紹介となると、戦後を待たなければならない。

澁澤龍彦による紹介

戦後、なんといっても大きな役割を果たしたのは澁澤龍彦、種村季弘の両氏である。澁澤はフランス文学の、種村はドイツ文学の方面から、それまではアンダーグラウンド扱いされてきた文化を精力的に紹介していった。澁澤はマルキ・ド・サドの、種村はマゾッホの紹介などで知られるが、両氏の活動はやがて「幻想文学」と称されるジャンルの形成につながってゆく。その中では、オカルティズムや今でいうエソテリシズムのジャンルが大きな位置を占めており、タロットもまた、重要なアイテムとして扱われたのである。

一九六一年に出版された澁澤の『黒魔術の手帖』（桃源社）には、タロットを真正面から扱った「古代カルタの謎」というエッセイが含まれている。これはかつて雑誌「宝石」に掲載されたもので、我が国における本格的かつ広範なタロット紹介の火種となったといえるだろう。手許にある新版（一九七一年）のあとがきには「今から十年前、初めてこの本が刊行された時には、読書界にちょっとした話題を投じたものであった。今は亡き三島由紀夫氏は、著者宛ての私信で『近来めづらしき書物というべき装丁、黒の箱、見返し、頁小口の強烈な効果、まさに殺し屋的ダンディズムの本です』と賞賛してくださった」とあるから、出版当時はその真っ黒な造本もあいまって、相当の話題になったことがわかる。

エッセイ「古代カルタの謎」は、このようにはじまる。

「いまわたしの目の前に、七十八枚の奇妙なカードが並んでいる。けばけばしい色どりの、どことなく稚拙な感じさえする絵入りのカードである。見たところ、普通のトランプに似ているが、実は大違い、これは、何千年もの昔から、ジプシー女や魔法道士に珍重され、世界各地で複製されて、二十世紀の今日にまで伝わっているふしぎなカードなのである。熟練した魔術の大家は、このカードをいろいろな形に並べて、人間の運命、過去や未来を占ったと言われている」

この名文によって、日本におけるタロットの初期のイメージ――神秘的な魔術道具としてのタロット――は固まったといってよい。澁澤は、すでに述べたジェブランによるエジプト起源説、エテイヤ（文中ではエッテイラ）、パピュス、レヴィなどの業績を手際よく紹介しながら、タロット（文中ではタロックというドイツ風の発音が用いられている）が暗号の組み合わせによって成り立つ記憶術の体系であるという説を展開する。中世の人々は「文字で書けば何冊もの本になるような複雑な観念を、何枚かの絵の組み合せによって容易に理解した」という。

実際、ルネサンス期には、記憶術（アルス・メモリア）は、重要な課題として扱われていた。古代ギリシア・ローマ時代から、雄弁な演説者はそれだけで高く評価されたが、それには高度な記憶力が要求された。そこで、さまざまな事象を記憶のなかのさまざまなイメージと結びつけ、それを配置した場所とともに記憶してゆくという技法が発達したのである。その図像や配列は、やがて占星術の図像などと結びつき、宇宙そのものの像となってゆく。まずは枠組みとして宇宙の構造を心の中に構築し、今度は記憶すべき内容を心中の内的空間に配置してゆくのである。こうなってくると記憶術は一種の観想、瞑想としての性格を帯びるようになり、宇宙とも接触する魔術的な役割を果たすとも考えられるようになる。

ただし、そこで「記憶」されるべきは、固定した教義ではない。澁澤は言う。

「カードの絵はどれも単純な紋切型の線で描かれているが、それぞれ不断の運動を暗示している。つまり、タロックは、われわれの精神を、何らかの生き生きした運動に誘いこむことを、目的としているもののようだ。何ものにも囚われない精神、習慣や固定観念によって、ふだんは意識の底に眠っている魔術的な心的能力を、生き生きと目ざめさせることを、目的としているもののようだ」

これはつまり、タロットのシンボルが潜在意識ないし無意識を刺激し、人の内部に眠っている可能性を目覚めさせることができるということで、二〇世紀以降、広範にタロットに期待された心理学的、セラピー的な効能とほとんど同じである。ここにも澁澤の先進性を見ることができるのだ。

種村季弘のタロット論

一方、種村季弘もまた積極的にタロットを紹介し、一九七二年には、種村季弘訳論『錬金術　タロットと愚者の旅』（青土社）が出版された。この書籍は、チューリヒ工科大教授R・ベルヌーリの錬金術とタロットにかんする講演を訳出したものと、種村本人によるタロットについての論考を一冊にまとめたものであった。

ベルヌーリの論は、タロットの構図を幾何学的に読み解こうとする試みであり、また種村の論も、タロットを一種の壮大な記憶術の体系として解釈する。タロットは、薔薇十字団の謎めいた文書に登場する「世界輪（ロータエ・ムンディ）」では、ひとつでありながら、その歯車の組み合わせによってこの世界の多様性すべての源となるものであり、同時にかつて破壊された古代文明の大図書館の知識を集約した（ただしページをバラバラにした）書物でもあった、と種村は言う。

「図書館のすべての本はこの一冊に要約されたが、この一冊の本は、それが語る普遍言語の読み手を通じてふたたび図書館のすべての本となるであろう。すべての本はすでに書かれているのである。このあらゆる本と一冊の本との可逆性こそが、『すべてにして一』である全一性の象徴たるわれとわが尾を咬う円環状の宇宙蛇《ウロボロス》さながら、無限の循環をくり返しながら、壮麗な見えない図書館、幻の百科全書を現出せしめる、あの願いのものをすべてかなえてくれる薄汚れたアラジンの魔法のような、古ぼけた一組のタロットの秘密なのである」

この引用だけではわかりにくいので少し解説してみよう。ヨーロッパの秘教的伝統では、この世界に起こること、考えられることすべてを収めた書物が存在するという考えがあった。書物というのは、「聖書」が絶対のものであるとするヨーロッパの人々にとって特別なものでもあった。レヴィの項でも述べたが、ガリレオなど初期の科学者が自然を「第二の聖書」として読み解こうとしたのも、その表れである。そして聖書以外の、世界のすべて、森羅万象を網羅する書物がどこかにあるのではないか、という夢想に取り憑かれた知識人たちもいたのである。

だが、もしそんな書物があるとしたら、それはこの宇宙全体と同じくらい大きな、無限のページ数を持つ巨大なものにならざるをえない。それでは本とは言えない。そこでそれ自体は小さくとも無限の言葉や意味を生成できる装置がないかと考えられた。たとえばアルファベットはわずかな数だが、その組み合わせでほとんど無限の言葉が紡ぎ出されるような。そんな、すべてを書き記した本を分解し、その組み合わせでまた必要な部分が再構成できるような装置があれば、それは宇宙そのものを記した巨大な書物とみなすこともできよう。

そして、タロットは、そのような装置だと考えられた。

ここに引用した種村の文章は、わずか一組のカードセットが、この世界の全体を内包し、かつ、カードの組み合わせが、この世界で起こり得ることすべてを象徴することが可能だという、まことに魅力的なタロット観を見事に表現している。

この考えにたてば、タロットの中にはこの世界のすべての要素が象徴のかたちで集約されている。だからこそ、その一部をひきあてることで、人生に起こることを「読み取れる」。タロットをシャッフルするときには、手の中で宇宙を遊ぶのだし、机の上にカードを並べるときには、この世界のどの要素がどのように展開するかをシミュレートしている、ということになるのだ。

このように澁澤、種村の詩的・文学的表現力によって、まず日本の知的読者層にタロットは広がっていった。

ところで、ややスキャンダルめいているが、種村とタロットといえば、一九七四年に雑誌「奇想天外」で繰り広げられた、ウラヌス星風という覆面作家の占い研究者（実は式貴士、間羊太郎などの筆名を持つ作家）との論争に触れないわけにはいかない。

Tarotは、英仏ではタロウないしタロー、イタリアではタロッキ、ドイツではタロックと発音し、タロットという発音は日本独自のものである。七〇年代には「タロット」という表記が一般化してもいた。種村もタロットと表記している。そこに嚙みついたのがウラヌス星風だったのだ。種村は一度反論しようとするも議論は嚙み合わず、ウラヌスの種村批判はエスカレートしていった。場外の読者にとっては、これがかえって面白かったようで、本来の意図であったタロット入門そのものの紹介や占い方の説明を脇において種村批判は続き、第四回「種村季弘を葬る」という過激なタイトルの文章で、この連載は幕を閉じることになった。

今にして思えば日本では「タロット」、英仏では「タロウ」でかまわないではないか、ですまされることであろうが、自説を主張・展開するためにウラヌスは積極的に当時貴重だった海外文献を引用・紹介し、これもまた、日本でのタロット熱を刺激したことは間違いない。

実践書の出版

さて、澁澤、種村両氏はあくまでも文学者であって、いわゆる占い師ではない。タロットの実際的な使用法は、彼らのエッセイや論考にはほとんど登場しないか、あったとしてもごくわずかであった。

タロットの魅力が十分に伝わったところで、次は、どのようにこのカードを入手し、どのように占えばよいのかを知りたい、という欲望が出てくるのは当然だろう。

その期待に応えるように、一九七三年には継書房から中井勲著『タロット』が出版された。これは七八枚すべての絵札（絵のタッチはマルセイユ版系）のカードを付録にした、本格的なものであった。

翌七四年は、しばしば日本におけるオカルト元年とも呼ばれる。この年、ユリ・ゲラー来日や映画『エクソシスト』の公開などが続き、いわゆるオカルトブームが起こったのだ。そしてこの年は、タロット「占い」普及元年であったともいえる。序章で述べた辛島宜夫『タロット占いの秘密』（二見書房）をはじめ、岡田夏彦編『運命の書』（コーベブックス）、木星王『ジプシー占い　タロット入門』（保育社）といった、初心者が手に取ってもすぐに占いができるマニュアルが次々に刊行され、その後のタロット本の雛型を作るのである。

関西を活動の拠点とした木星王は、その後も活発に出版活動を続ける一方で、一九八〇年には大阪マルビルにタロット占いを中心とした占いの館「魔女の家」を出店。辛島らもファッションビルのパルコに「水星の部屋」なるタロット占いのブースを持っていたというから、七〇年代半ばから八〇年代にかけて、商業施設でのタロット占いコーナーが生まれていったことがわかる。こうして浪漫主義的、耽美的な文学の世界から、タロットの占いが身近で現実的なものとなっていったのだ。

オカルトブームから「カワイイ」カルチャーへ

さらに、日本におけるタロット文化の特殊な発展として、少女文化のなかでの占いやおまじないのブームを挙げることができる。一九七九年、実業之日本社から、説話社を編集プロダクションとして起用した少女向け占い専門誌「マイバースデイ」が創刊される。「愛と占いの情報誌」をキャッチフレーズにしたこの月刊誌は、創刊後まもなく発行部数四〇万部という驚異的な数を誇るようになり、ティーンの間での占いブームを牽引《けんいん》する。主力となったのは、毎日、毎月の星占いやおまじないであるが、付録としてタロットなどのカードもしばしばつけられた。そこでは、少女漫画家がタロットの作画者として起用されることが多く、たとえばまつざきあけみのタロットなどが人気を博した。

本場である英米圏でも当然、星占いやタロットは人気だが、一〇代の少女だけを対象にした占い雑誌が出たことはない。また、子供向けのタロットのセットが大きく売れるということもなかなか考えられない。ところが日本では一九九〇年代以降、少女雑誌や女性誌の付録やノベルティで数多くのタロットが生み出されるようになった。その作画のタッチが日本的であることも手伝い、海外のタロットファンの間では垂涎《すいぜん》の的になっている。またしても手前味噌になるが、ハローキティやキキララのタロットも僕の解説で出させていただいているのだが、これもまた日本よりも海外で注目されているようだ。国内ではあまり価値がないとされている付録のタロットが、「マンガ」ブームや「カワイイ」カルチャーの人気によって、海の向こうで熱い視線を浴びているのだ。

英国の錬金術研究者として知られるアダム・マクリーンは、大の日本製タロットファンでもあり、おそらく世界一の日本製タロットのコレクターであろう。氏のウェブサイトには、僕も見たことがないような日本製タロットが次々に掲載されており、驚かされる。二〇〇九年にはグラスゴーで、「日本タロット展」として氏のコレクションが公開され、多くの来場者を集めた。考えてみれば、読み捨てられていく雑誌につけられる占い遊びのアートワークに、これだけの高いクオリティを実現できるのは、日本という文化の独特なところであるかもしれない。

一方で、実証的、本格的なタロットの研究書も出るようになってきた。二〇〇四年に出版された伊泉《いずみ》龍一『タロット大全』（紀伊國屋書店）は、タロットの歴史と図像の系譜などを網羅した、文字通りの「大全」であり、一冊でここまでタロットの世界を網羅しつつ詳細に見渡した著作は、今なお英語圏でも見当たらない。伊泉氏は、その後も活発にタロットにかんする良書の翻訳と執筆に尽力されている。ウェブ上では、夢然堂氏が世界中のタロット研究者とネットワークを作りながら、最新の研究成果や情報を発信しておられる。日本のタロットの「研究」レベルも、ぐっと引き上げられているのだ。

また、アマチュアの活躍も目覚ましい。昨今ではSNSで、毎日のようにプロではないタロット愛好者が「今日の一枚」を引き、そのメッセージを自分なりに解釈をして発信するということも、ごく一般的に見られるようになってきた。これはタロットがより身近なものになり、権威的な他者からのご託宣ではなく、自らの創造性を手軽に発揮するためのツールになったことを意味している。

愚者が持つ袋

タロットの広がりは、それこそ無限である。ルネサンス期の伝統的寓意、古代文明への憧憬、宇宙の秘教的真実への鍵、吉凶判断、深層心理をさぐるツール、社会的メッセージの発信源、個々の創造性の発露……。そのいずれもがタロットの顔である。ひと組のカードセットという一定の型を保ちつつ、これほどのフレキシビリティと多様性に開かれたアイテムは、ちょっとほかにないのではないだろうか。

振り返ってみれば、タロットの歴史は「創造的誤読」の積み重ねであったとも言える。

タロットというカードゲームの枠組みは、さまざまな人々の「深読み」が積み重ねられ、さまざまな思想や世界観を映し出す鏡としても機能してきたのである。

しかし、タロットという枠組み、構成は一五世紀以来ほとんど変わっていない。

タロット自体には、もしかしたら実体としての「意味」はないのかもしれない。それはタロットの愚者の持つ袋のように、そこに入っているものは「空」なのではないか。だからこそ、人々は自由に、自分自身の世界観や人生観をその中に詰め込み、大きく膨らませることができたのだろう。

今後もタロットは、進化、変容を続けていくだろう。そしてこれからタロットという鏡は、僕たちの何を映し出すことになるのだろうか。これからもタロットから目を離すことはできそうもない。

第四章　心の世界と、タロットの図像学

図像を「解読」する二つの方法

前章まででタロットの歴史を概観してきたことになる。この章では、いよいよすべてのカード一枚一枚をご紹介してゆくことにしよう。それは、謎めいたカードの寓意を解読していくことになる。

だが、思い出していただきたい。タロットの歴史は単純な一本の流れではなく、いくつかの断絶や革命があった。

ざっとおさらいすると、一四世紀にイスラム世界から西ヨーロッパに渡ってきた遊戯であった四つのスートのカードゲームに、貴族が大アルカナと呼ばれる切り札を加えて遊戯を複雑にした。一五世紀半ば、北イタリアのルネサンス都市でのことだ。ここでタロットが誕生した。現存する最古のセットの代表が、ミラノで製作された「ヴィスコンティ・スフォルザ版」(ヴィスコンティ版と略されることもある)である。最初は手描きの豪華な品であったタロットは、その後すぐに版画で安価に生産されるようになり、富裕層以外にも広がってゆく。

一八世紀には「マルセイユ版」と総称されるタイプのデッキが流通し始め、現在広く流通しているタロットの構図が定式化される。

一八世紀後半には、それまで世俗的な遊戯の道具であったタロットのイメージが激変する。タロットは古代エジプトの叡知を寓意のかたちで残したものだという説が登場し、これがきっかけでタロットが秘教的、オカルト的なものだと考えられるようになった。タロット占いが行われるようになったのもこの頃だ。

一九世紀以降、タロットはカバラ、占星術、錬金術、薔薇十字思想などあらゆる秘教的潮流を習合する器となってゆく。そして二〇世紀半ば以降、タロットは大衆化され、人間心理を探求する道具ともなり、さらには、自由な創造性の発露を受けとめる表現形態ともなっていったのだ。

もっとも最近では、初期のタロットには秘教的な要素が皆無だったとする見方は行き過ぎではないか、という意見も見られるようになった。それでも、「タロットの意味と体系」の秘密がただ一つだけあると考える研究者はほとんどいない。

製作された時代、その地域の文化、製作者の事情や思惑などによって、タロットのデザインは大きく変化してゆく。こうした流れを考えると、タロットの一枚一枚に一貫した「本来の意味」があるわけではなく、したがって、それを「正しく」解読するということ自体があり得ないとわかる。

また、元来は遊戯用のカードでしかなかったタロットに、最初期から詳細な解説書などあるはずはなく、今となっては、個々の絵柄が当時の社会でどのような意味を持っていたのかも正確に知ることは困難である。

そこでできることは、まず、なるべく初期のデッキにさかのぼって、タロットの図像が当時の社会で何を意味していたのかを探ることであろう。

タロットは、中世からルネサンス期における図像の伝統から生まれており、それらを参照すれば、解読できるヒントはかなりある。ここでは、限られた紙幅のなかで現在わかっていることをできるだけコンパクトにご紹介したつもりである。

ただ、絵札のなかには当時の主流の寓意図像には見当たらないものや、伝統的な図像によく似ていても、性別が反転するなどの微妙なズレが見られるものもある。そのあたりの「謎」が残るところが、また面白いのである。今後も新しい発見があるかもしれないし、あなた自身がたまたま見た画集のなかに、あるいはヨーロッパを旅された折に目にした画像のなかに、タロットの歴史的な謎を解読するコード（記号）を発見されることになるかもしれない。

さらに、これだけではタロットを「解読」するには十分ではない。遊戯用のカードであったタロットの絵は、寓意的なものであったとしても、いわば花札のようなもので、本来は占い的な意味はない。したがって、現代においてタロットを占いやセルフカウンセリングのツールとして用いるためには、あえてカードの意味を「深読み」する必要がある。その解釈や読みはそれこそ人それぞれで、自由にイマジネーションを広げてゆけばいい。

ただ、そういってしまうとあまりに身も蓋もないので、ここではあくまで一例として、いわば「鏡流」の解釈をご紹介しておきたい。これは、おもにユング心理学的な元型論に影響を受けたものだ。大アルカナの解説には、「リーディングのヒント」として、それぞれのカードを引いたときの解釈を簡単に付記したので参照していただきたい。

タロットの図像は本来、ルネサンス期の西洋、つまりキリスト教の図像と、当時復興したギリシア＝ローマ神話の世界を水脈として誕生している。しかし、ユングの元型論を援用すれば、人はいつの時代も心の深い部分から同じようなイメージを生み出すのであるから、ルネサンス期の西洋にこだわる必要はない。そこで、あえてタロットが成立した歴史的文脈を離れ、ほかの神話や伝統と比較しながら自由にイメージを広げていけば、今ここに生きる自分にとっての「意味」を見いだすことができる。

ユングが語る象徴解釈のヒントはタロットにおいても有効であろう。ユングはこう言っている。

「なるべくたくさんの象徴の事典などを読み学習しなさい。これまでにどんな解釈がなされてきたのかを知るのです。ただし、実際に象徴を解釈する段にはそれらをすべて忘れること」

一見矛盾するようだが、知識として蓄えた象徴解釈は自分の血肉となっているはずで、それが新鮮で生き生きとした象徴の解釈を生み出す下地になるのである。その点で多くのタロット本を参考にするのもまた有効であろう。

なお、タロット占い入門書の多くは、カードの正位置（本来の向き）と逆位置（上下が逆向き）で意味のとり方を区別しているが、ここでは基本的に、正逆の位置による意味の違いは採用しない。直感的にカードの向きが大事だと感じたら、逆位置の場合はネガティブな意味にも注意を払う程度だ。むろん、あなたが正位置・逆位置の区別を採用するなら、それもまったくかまわない。

さあ、タロットの寓意の謎をひもとく旅に出かけることにしよう。

大アルカナを読み解く

まずは、二二枚の大アルカナについて一枚ずつ解説していこう。

すでに述べたように、占いの場でカードをどう解釈するかは個人の自由なのだが、大アルカナの図像について語るときには、ふたつの視点が必要だ。

ひとつは、図像の歴史を追うという客観的な視点である。歴史的に見れば、タロットカードは明らかにルネサンス期のイタリアで生まれたもので、とくに大アルカナの図像には、中世末期以来の寓意画の伝統が見てとれる。そこで、美術史の知見などを引きながら、ほかの美術作品やモチーフも参考にして、一枚一枚の図像の系譜をたどることにする。

もうひとつは、大アルカナの図像をユング心理学でいう「元型」の表れととらえ、現代の僕たちがタロットから何を感じとり、何を学べるのかを考察する視点である。実際、大アルカナの図像は、より広範な文化や時代のなかに生まれた神話や伝承との類似性がある。それらを追いかけ、自由にイメージを広げてみたい。その過程で、僕たちの心の奥にある「何か」が浮かび上がってくることになるだろう。

実は、ユング派の心理分析家のなかには、積極的にタロットカードを心理分析をするためのツールとして用いている人も少なくない。ロスアンジェルスのユング研究所で指導的な立場にあったサリー・ニコルズは、著書『ユングとタロット』(新思索社)のなかで、次のように述べている。

「タロットの切り札(大アルカナ)の絵柄は、象徴的な物語である。夢と同じように、それは意識の射程をはるかに越えた、知的理解から遠いところからやってくる」

大アルカナは、僕たちに何を語りかけようとしているのだろうか。さっそく、図像の系譜と心の世界を追っていきたい。

0：愚者

秩序をくつがえす
無邪気なスピリット

愚者（上ウェイト=スミス版、右下ヴィスコンティ・スフォルザ版）

初期ルネサンスの画家ジョットが描いた「愚行」の寓意像（「美徳と悪徳」より、スクロヴェーニ礼拝堂）

「タロットのなかでいちばん好きなカードは？」

こう質問されたとき、「愚者」と答える人は多いに違いない。よく知られたウェイト版の「愚者」には、ユング心理学でいう元型のひとつ「永遠の少年」を想起させる美しい若者が描かれている。「永遠の少年」とは、汚《けが》れなき純粋性の象徴である。何ものにも染まったことがなく、いかなるしがらみにもとらわれず、あらゆるものから自由だ。

もっとも、「愚者」は、最初から若者の姿をとっていたわけではない。

現存最古のタロットのひとつ、ヴィスコンティ・スフォルザ版の「愚者」を見ると、粗末な身なりをした半裸の男が、棍棒を持ち、羽根の冠を着けて立っている。古くはこの札は「狂人」とも呼ばれたことがある。この図像は、中世からルネサンス期にかけて盛んに描かれた「悪徳」のひとつ、「愚行」を表した可能性もある。この仮説は、ルネサンス初期の画家で西洋絵画の祖とも称されるジョット・ディ・ボンドーネの「愚行」の寓意像と酷似していることで補強される。

ヴィスコンティ・スフォルザ版を研究したガートルード・モークレイによれば、キリスト教の四旬節明けの祝祭に現れる精霊を演じる道化を描くともいうが、いずれにせよ、日常の秩序をはみ出した存在であるには違いない。道化は滑稽で愚かなふるまいをして王侯貴族を笑わせる者であると同時に、王に対してもっとも正直かつ辛辣《しんらつ》に真実を告げ、社会的秩序を崩壊する者でもあった。たとえば、シェイクスピアの戯曲『リア王』のなかで、王がすでに王ではないことをリア王本人に告げ、破滅へのきっかけをつくったように。

愚者、道化、若者。そこに共通項はあるのだろうか。歴史的な考証をいったんやめ、想像力を羽ばたかせながら、改めてウェイト＝スミス版を見てみよう。

晴れわたる空のもと、天を仰ぎながら歩を進めようとする若者（愚者）。彼は、目前に崖が迫っていることに気づいていない。あと一歩、足を踏み出せば、まっさかさまに転落するのは明らかなのだが、そんなことに頓着する様子はなく、楽しげですらある。

ウェイトによれば、「愚者」は「経験を求めるスピリット」であるという。カードに与えられた「0」という番号は、経験の乏しさゆえに純粋無垢であることを暗示するように見える。そのような純粋性や汚れのなさゆえに、「愚者」は現実の社会では無力である。また、彼は若者であって大人ではない。いや、むしろ成熟した大人になることを拒否して若者のままでいるからこそ、危険が潜むかもしれない世界へ一歩を踏み出せるのだ。ごく普通の大人は、それを愚かな行為と見る。だから、彼は「愚者」と呼ばれる。

その愚かなまでに無邪気な様子と、愚かさゆえに招いた身の危険。そうした寓意的なコントラストは、人を惹きつけるに十分なものだ。

愚行、道化、若者（愚者）は、秩序や常識をくつがえし、無化する力を象徴する。愚かで危険と見える彼らのふるまいは、新しい世界へと移行する契機にもなる。既成概念に凝り固まった大人たちは、そのハードルを越えられないが、自由で無邪気な魂を持つ「愚者」は、たやすくやってのける。そのことへの羨望と恐れを呼び覚ますカードなのである。

【リーディングのヒント】

いまだ何者にもなっていない者。それが愚者である。そのためこのカードは、状況も気持ちも明確には定まっていないことを暗示する。そこに危うさと可能性がある。

ひとつの解釈としては、まさに「愚か」であることを意味する。物事にたいして無意識すぎるために、いつのまにか崖っぷちに立ってはいないだろうか。たとえば、経験不足のために相手を理解できない、幼稚な考えにとらわれているために事の重大さを理解できない、仕事などで未熟な判断をしてしまう、といったことが考えられる。

一方で、何者でもない愚者のカードは、無限の可能性や自由、とらわれのない生き方などを暗示することもある。そこには、既成概念や一般常識に縛られた窮屈なものの見方は存在しない。このカードを引いたなら、いったん初心に戻り、新鮮な目で物事を見てみるとよいだろう。きっと、新しい可能性に気づくことができるはずだ。

1：奇術師

知識と技術を駆使して
奇跡を起こす

奇術師（上ウェイト＝スミス版、右下ヴィスコンティ・スフォルザ版）

マンテーニャのタロットより「職人」

前項の「愚者」に負けず劣らず人気が高いのが、「奇術師」のカードである。

現代では「魔術師」または「魔法使い」という名称になっているが、もともとは「奇術師」ともいわれていた。奇術師とは、路上にテーブルを出し、その上に小道具を並べて、「タネも仕掛けもある魔術」を見せるパフォーマーである。人々は、たとえタネや仕掛けがあるとわかっていても、マジックに魅了されるものだ。ベルリンの新博物館に所蔵されている紀元前一七〇〇年頃のパピルスには、すでに手品にかんする記録があるというから、人間の不思議好きは、もしかしたら遺伝子に刻印されているのかもしれない。

さて、史料をたどると、「奇術師」はさまざまな解釈が可能である。主なところでは以下の三つだろうか。

第一は、まさに奇術師である。ヴィスコンティ・スフォルザ版はそのひとつで、観客の姿はないが、テーブルに広げた手品の小道具を見せているような図が描かれている。ペテン師とも呼ばれるのはそのためだ。

第二は、大道芸人（ジャグラー）である。フランス系のカードでは、バトンの使い手（バトラー）もしくは香具師《やし》となっている。

第三は、職人である。「マンテーニャのタロット」（第一章50ページ参照）は、その一例だ。あるいは、ほかの可能性として賭博師、宿屋の主人であるという解釈も出ている。

これらは、一見バラバラなようだが、実は共通点がある。それは、彼らの見事な技が、熟練の技術と計算しつくされた作戦に裏打ちされていることだ。

さらに、近代のオカルト的なタロットでは、このカードに「メイガス（magus）」という名称が与えられていることにも目を向けたい。「メイガス」とは本来、生後まもないイエス・キリストに拝礼した東方の三博士を指すが、一般には魔術師や霊的な導師をいう。先述の奇術師、大道芸人、職人は、知識と技術という現実的な力を用いているのに、一方の魔術師は、現実の規範を越えた怪しげな術を操るのだから、ここにつながりを見いだすのは難しいかもしれない。しかし、想像力を働かせると同一の元型的イメージが浮かび上がる。

現実的で科学的な奇術師・芸人・職人と、幻想的で非科学的な魔術師は、実は根っこのところでつながっている。なぜなら、科学と魔術はもともとひとつのもので、両者が明確に分離したのは一七世紀以降だからだ。それまでは、魔術は最先端の科学でもあり、たとえば魔術師たちが錬金術に使った「アランビック」という蒸留器は、のちの科学に活かされた。そして、科学も魔術も、この宇宙を支配する絶対的な法則を知り、それを操って奇跡のような出来事を起こそうとする点では、なんら変わるところがない。

そんなふうに奇跡を求める心は、だれのなかにも息づいているし、だれもが奇跡を起こす力を持っている。たとえば、何年も仕事を続け、磨きに磨いた腕をふるうさまは、傍目《はため》に見れば奇跡であり、魔術というほかはない。接客技術からものづくりの技術、コンピュータのオペレーションまで、さまざまな場面で現代の「奇術師」たちが活躍している。

ユングによれば、だれの心にも「奇跡の元型」があるという。母なるものを慕い、英雄を畏怖するのと同じように、人は本能的に奇跡を求める。人生には奇跡も起こりえるのだという考えは、希望そのものではないだろうか。

【リーディングのヒント】

このカードは、あなたがすでに悩みや問題に対処するスキルを持っていることを示す。また、奇術師が杖をふりかざす様子は、そのスキルをもって奇跡のような出来事を起こすという確固たる意志を象徴する。だから現実の世界でも、まずは「やる」という強い意志を持つことが大切だ。また、奇術師のように、周囲に新鮮な驚きをもたらすような、斬新で創造的な行動を心がけよう。そうすれば、現実を変革できる。目前の状況に対応するために、実際的な技術を身につけることも必要だ。その過程で、自分の隠れた才能を見いだすこともあるだろう。頭の中にあるアイデアやひらめきを実行に移すことも大切である。

人物像としては、才気煥発《かんぱつ》で才能にあふれた雄弁な人を暗示する。カードの番号が１であることから、初心に戻ることや、新しい物事の始まりを暗示することもある。

2：女教皇

神殿の奥に座す、気高い謎の女性

女教皇（上〔女祭司〕ウェイト＝スミス版、右下ヴィスコンティ・スフォルザ版）

ジョルジョ・ヴァザーリによる「教皇権の勝利」の寓意像

大アルカナのなかで最も謎めいたカードは、「女教皇」かもしれない。というのは、正統なキリスト教の歴史のなかで、女性が教皇の座に就いたことは一度もなく、タイトルそのものがフィクションだからだ。ならば、このカードはいったい何を示すのだろうか。

実は、その謎めいた姿こそ、このカードの最も直接的なメッセージではないかと僕は思うのだが、まずは、この図像の周辺にあるエピソードを追ってみよう。

キリスト教の伝承に少しばかり詳しい人なら、このカードから「女教皇ジョアン（ヨハンナ）」の伝説を想起することだろう。事実、ジョアンの伝説は、「女教皇」のカードに重ね合わされてきた側面がある。その概要は、以下のようなものだ。

九世紀半ばのことだ。修道士になりたいと願う敬虔な女性ジョアンが、男装して教会へもぐりこみ、信仰心の篤さと献身的な努力によって、とうとう教皇の座に就く。だが、あちこちへ行幸する最中に生理が始まり（あるいは出産して）、正体がばれてしまう。この話は人気があり、各地で語り継がれているが、あくまで伝説にすぎない。

ただ、ヴィスコンティ・スフォルザ版の「女教皇」については、実在の人物をモデルにした可能性がある。この説を唱えているのは、ガートルード・モークレイだ。

彼女によれば、ヴィスコンティ・スフォルザ版の「女教皇」は、一三世紀末から一四世紀にかけてミラノに出現したギヨーマ派という異端のキリスト教の女教皇、マンフレダであるという。この一派は、聖霊が女性のなかに顕現するという教義を信奉しており、マンフレダがその体現者であるとして、彼らの教皇に選出したのだ。この経緯はローマ教会の知るところとなり、一三〇〇年、マンフレダは火刑に処せられた。

実は、マンフレダはヴィスコンティ家の先祖につらなる人物であった。そのためヴィスコンティ家の人々が、図像として取り入れたのではないかとモークレイは考えている。

ここで、ウェイト=スミス版に目を転じてみよう。ヴェールをまとい、冠を戴く女性が三日月を踏みしめている。その左右には、JとBという文字が刻まれた二本の柱がある。これらは古代イスラエルの王ソロモンの神殿にあった柱、ヤキン（Jachin）とボアズ（Boaz）を暗示しているという。彼女が手にする書物『TORA』は、旧約聖書の冒頭を飾る五つの書の総称で、「律法」または「モーセ五書」とも称され、ユダヤ教の教義の中核をなす。この図像に古代ユダヤの叡知が盛り込まれていることを示すものだ。

ウェイト版のタイトルが「女教皇」ではなく「女祭司」であることにも注目したい。ウェイトによれば、女祭司は、ユダヤ神秘主義カバラでいう神の花嫁にして、女性の姿で表されるシェキナー（聖霊）であり、至高の母であるという。しかし、ウェイトが主張するようなタロットのオカルト起源説は、その後の実証的な研究によって否定されている。

そのほかには、「女教皇」を教皇の権力の寓意画とする説がある。中世からルネサンス期にかけては、キリスト教の徳目が擬人化されて描かれた。その多くが、ラテン語では女性名詞であったため、女性の姿で表現されたのである。「女教皇」もその流れのなかにあり、画家ジョルジョ・ヴァザーリが手がけた作品も実在する。その作品の中央に立つ女性像は、タロットの「女教皇」との類似性が見られるのだ。だが、この説には無理がある。大アルカナには「教皇」が存在するのだから、あえて「教皇権」を独立させる必然性がない。

数々の説を否定するかのように、正体を明かさぬ美しい「女教皇」。そのイメージは、ユングが「アニマ」と呼ぶ元型につながる。男性に憧れを抱かせ冒険に誘《いざな》う、女性的で神秘的な魂の表れである。彼女の身を包むヴェールは、直感力や洞察力、潜在的な可能性など、表からは見えない秘められた事象の存在を暗示している。

【リーディングのヒント】

表面からは見えない隠れたものを暗示するだけに、解釈が難しいシンボルだ。まずそのことを念頭に置いたほうがよい。言葉にできないか、まだ言葉にならないような状況が起こっている。まずは自分の内なる感覚に注意を向け、心の動きをじっくりと見ていく必要がある。「どうすべきか、何をすべきか」ではなく、「自分はどうしたいのか、何をしたいと感じているのか」を自分に問いかけると、適切な答えが浮かぶかもしれない。

3：女帝

母なる自然、大いなる母性

女帝（上ウェイト＝スミス版、右下ヴィスコンティ・スフォルザ版）

紀元前2万年ほど前と推定される母神像。手には月。「母なるもの」への畏敬の念が読み取れる

前項の「女教皇」がヴェールに包まれているのに対し、「女帝」は、明るい世界に堂々たる姿を現している。

まずは、ウェイト＝スミス版を見てみよう。ゆったりとしたローブをまとった女性が、豊かな緑と黄金の実りに囲まれている。森から流れる一筋の川は、命を育てる水の恵みを大地にもたらしている。女性の手には王笏が、頭上には星の冠が見える。星の数は一二。これは一二星座を表し、この女性が天空の女王であることを意味する。椅子に立てかけられたハート形の盾には、女性ないし金星を意味する記号が描かれている。これらのシンボルは、「女帝」が天と大地の女王で、成熟した女性であることを物語る。

この図像の直接的なルーツとなっているのは、タロット＝エジプト起源説を支持するポール・クリスチャン（第二章81ページ）の著書『魔術の歴史と実践』である。この書では、「女帝」に相当するカードに「イシス＝ウラニア」というタイトルが付されている。イシスとはエジプト神話の大地の女神、ウラニアはギリシア神話の天空の女神だ。天と地をしたがえる女神的な女性のイメージが、ウェイト版に継承されているのである。

また、一部のタロット本の著者たちは、このカードに「ヴェールを脱いだイシス」という別称をつけている。大地の女神イシスは、ヴェールを被っているときには奥深い神秘を表すが、ヴェールを脱いだときには、美しい自然、生命の喜びそのものを表すのだ。

ただし、このような解釈は近代に入って「秘教化」されたタロットの解釈である。現存最古のタロットのひとつ、ヴィスコンティ・スフォルザ版に描かれているのは、とくに神秘性の感じられない女性の支配者である。盾に描かれた鷲が意味深に見えるかもしれないが、歴史的には皇帝の権力を表す記号なのである。

とはいえ、最初期のタロットにイシスの影が感じられなくとも、それ以降のタロットに少しずつイシスが滑り込んできた可能性は、ゼロではないかもしれない。事実、ルネサンス期の人々はエジプトの神秘に熱中していた。教皇庁の「ボルジア家の間」にはイシスとオシリスの神話が描かれ、エジプトの神聖文字の解釈を試みた書物に人気が集まった。古代エジプトで生まれたという「ヘルメス文書」（実は古代エジプトではなく、ずっと後代のヘレニズム期のもの）が翻訳されたのも、この時代である。また、ローマ時代に作家アプレイウスが著した『黄金の驢馬』は、イシスへの秘教的な信仰をテーマとする小説だが、ラテン語やイタリア語に翻訳され、芸術家や知識人たちに広く読まれた。もっとも、ルネサンス期の人々が憧れたエジプトは、空想の産物であったのだが……。

では、元型の世界では、「女帝」はどのように解釈されているのだろうか。多くのタロティスト（タロット研究家・実践家）は、ユングが「グレート・マザー」と名づけたようなイメージをこの図像に見いだす。たしかに「女帝」のカードを見ていると、母なる大地への畏敬の念や、自分を慈しんでくれる母性的な存在への郷愁を抱く。石器時代から、人間は「母なるもの」を崇めてきた。そのDNAを僕たちは受け継いでいるのだ。

一方で、「母」には恐ろしい一面があることを忘れてはならない。自然はときに荒々しい姿を見せて人間の命を奪い、「母」は「子」をいつまでも自分のものにしようとして、結果的に、その成長を阻む。ユングは、こうした二面性を特徴とする「グレート・マザー」という元型を「優しく、恐ろしい母」と形容したのである。

【リーディングのヒント】

このカードは、すべてを育むような環境が整っていること、あるいは自分が相手を育むような状況を暗示する。人間関係では、慈悲深い母のように、相手や自分を優しく受容する。しかし、そうした母性が、ときとして相手の成長を阻むことも念頭に置いてほしい。たとえば、相手を自分に縛りつけようとしていないか、一度ふり返ってみるとよいだろう。

また、これまで地道な努力をしてきた人がこのカードを引いた場合は、物事が順調に進み、まもなく収穫の時期を迎えることを暗示する。さらに、この世で生きることの快楽や心地よさを享受するという意味もある。五感を満足させるような行為を楽しんだり、双方が心身ともに満たされるセックスをしたり、という状況を表す。

4：皇帝

権力と指導力によって秩序を維持する

皇帝（上ウェイト＝スミス版、右下マルセイユ版）

錬金術の書物に見られる
「4」を表した図

「女教皇」と「女帝」に続き、ふたりの男性がカードに登場する。ふたりの男性とは、世俗の最高権力者である「皇帝」と、精神世界の最高権力者である「教皇」だ。さっそくひとり目の「皇帝」を見ていこう。

ヴィスコンティ・スフォルザ版の皇帝は、皇帝権を意味する鷲があしらわれた冠を戴き、宝珠と杖を持っている。宝珠は世界の、杖は権力の象徴である。ヴィスコンティ版と同系統のカーリー・イェール版では足を交差させ、後代のタロットとの共通項が見られる。

マルセイユ版も参照してみよう。皇帝は左を向いて座っている。見事な宝珠のついた杖を手にし、頭頂に輝く冠は、兜のようにも見える。交差させた足のそばには、鷲をあしらった盾がある。兜や盾は、この皇帝と武力との結びつきを暗示している。

以上の図像の起源を踏まえつつ、ここから想像力を広げて象徴を解釈してみよう。「女帝」が「母なるもの」であり、自然の豊穣性と結びついているのに対し、「皇帝」は「父なるもの」であり、世俗の政治的な権力と結びついている。

権力という言葉は、ともすると「支配」や「弱肉強食」などを連想させ、あまりよい印象ではないかもしれない。しかし、権力を頂点とする社会構造がなければ、人間の社会は混乱しかねない。その意味では、混沌の中から秩序を生み出す力を表すといってもよい。

さて、「皇帝」のカードは、マルセイユ版では大アルカナの四番目に落ち着いた。また、これはおそらく偶然の産物なのだが、交差させた皇帝の足は、数字の「4」を表しているようにも見える。このことから、オカルト主義者の多くは皇帝と四を重ね、皇帝が、数秘学的な意味で四の力を持つと考えた。

四とは、かつてピタゴラス学派の人々が考えた聖なる数であり、心理学的にも象徴論的にも「全体性」や「秩序」を表す。ユング派のサリー・ニコルズは、著書『ユングとタロット』において、多くの例を挙げて四の象徴的な意味を述べている。たとえば、東西南北という四つの方位、楽園エデンを流れる四本の河、古代の世界観における物質の四つの属性(熱・冷・乾・湿)、四種類の体液(血液、黄胆汁、粘液、黒胆汁)、四人の福音書記者、四大天使、四季など。これらの例からもわかるように、人間は世界に対して四つの座標を設定し、それによって全体を把握し、秩序を作る傾向があるのである。

このようにかっちりとした秩序は、定型のパターンには収まりきらない自然や本能を完全に支配することはできない。それは、四角いブロックを隙間なく積み上げて壁を築いても、おかまいなしに草が侵入してくるのに似ている。

これを人間の心理に当てはめるなら、大人と子供の戦いと見ることもできる。大人は子供に対して「~してはならない」と、社会のルールを教える。しかし、そんなもので子供の好奇心やエネルギーを抑えつけることはできない。さりとて、大人が子供のいいなりになっては、ときに子供自身も危険にさらされる。大人とは「皇帝」に暗示される権力、子供はそれに反発する力である。両者の間には、常に一種の緊張感と葛藤がある。

この葛藤は、個人の内面でも起きる。「皇帝」はルールの遵守を求めているが、あなたはどう対応するのだろうか。「愚者」のように最初から気にしない人もいれば、「奇術師」のように斬新な手で切り抜ける人もいるだろう。「隠者」のように、ルールだらけの社会からリタイアするという手もある。いずれにせよ、内なる「皇帝」との関係しだいである。


【リーディングのヒント】

男性的な力の極致を意味する。現実を掌握して支配する能力やリーダーシップ、現実的な行動、現実をよくするための果断な改革などが求められている。必要なときには「ノー」と言い切ることも大切だ。私情に流されたり甘えたりしないで、自分を律していこう。自分の社会的な立場をふり返ってみるのもよい。責任を果たしているだろうか。

また、父親や父親のような人物との関係も浮上している。相手と自分、どちらがリーダーシップをとるかが争点となるかもしれない。一方で、マッチョな価値観に縛られる、専制的な態度をとる、弱者を虐げるといった可能性も暗示するので、要注意である。

5：教皇

神と人との間に立つ導き手

教皇（上ウェイト=スミス版、右下マルセイユ版）

デューラー『ヨブとその妻』（ヤーバハ祭壇画より、1503〜04年、シュテーデル美術館）

「皇帝」に続く男性は「教皇」である。教皇とは精神世界の最高権力者であり、神と人との間に立つ教会という組織のトップである。この人物像については、ほとんど謎はない。

ここで「教皇」という存在についてのイメージを広げてみよう。教皇という言葉は、語源的にはラテン語の「橋」と関係があったという。まさしく教皇は、神と人とを結ぶ橋かもしれない。教皇に限らず、神と人との間に立ち、神の意志を代行する指導者は、世界各地に見いだせる。たとえば聖書に登場する多くの預言者、エジプトのファラオ、チベットのダライ・ラマ、古代日本の天皇など。

しかし、なぜ神と人との間にわざわざ橋を架けねばならないのだろうか。これについてユングは、興味深いことを述べている。神の力はあまりに不条理かつ圧倒的で、人間がじかに接するのは危険だから、それを防ぐためのクッションあるいは安全弁が必要なのだという。その役目を担うのが、教会であり教皇であるというのがユングの考えだ。

また、ユングは、不条理かつ圧倒的な神の力が描かれた例として、旧約聖書の「ヨブ記」を挙げている。主人公のヨブは信仰に篤い善人で、神はヨブを愛し、祝福を与えていたが、あるときサタンが登場して神に囁《ささや》く。「もしあなたが恵みを与えなければ、ヨブはすぐにあなたを裏切るだろう」と。この言葉を聞いた神は、ヨブからすべての幸福を取りあげ、ありとあらゆる災厄を与えて、ヨブの信仰を試すのだ。

それでもヨブは神を信じ、数々の苦難に耐えたが、とうとうこらえきれなくなり、「どうして私にこんな災厄をお与えになるのですか」と、神に尋ねた。すると神は、嵐の中から姿を現し、自分が全能の創造主であり、ヨブが無力な人間であることを長々と説いて、「あなたは私を非とし、自分を是としようとするのか」と、ヨブに詰め寄るのである。最後にヨブは報われるのだが、なぜヨブに試練が課されたのか、常人には理解できない。

ユングは言う。聖書の神は横暴だから、神と人の間に立つ教皇のような存在、つまり、不条理な出来事に意味を見いだし、それを教えてくれる存在が必要なのだと。人生のさまざまな体験には、大なり小なり不条理がつきまとう。しかし、そこに意味を見いだせれば、受けとめ方が違ってくるし、折り合いをつけやすくなる。

教皇についてはもうひとつ、マルセイユ版とウェイト＝スミス版のタイトルについても触れておきたい。マルセイユ版の「LE PAPE（ル・パープ）」は「教皇」だが、ウェイト＝スミス版とその影響を受けたタロットでは「THE HIEROPHANT（ザ・ハイエロファント）」となっている。ハイエロファントは、直訳すれば「聖なるものの顕現」である。これは「黄金の夜明け団」などの魔術結社において儀式を司る者の役職名で、さらにさかのぼれば、古代ギリシアの秘教的儀式「エレウシスの密儀」の司祭をこう呼んだ。

「女教皇」がヴェールで身を包み、謎めいていたことを思い出してほしい。「教皇」は、それとは対照的にはっきりと姿を現し、人々に祝福と教えを与えている。「教皇」が聖なるものを明らかにする存在であるとするなら、「女教皇」は秘教的な存在だと解釈できる。

現代風にいうなら、「女教皇」は自分だけの価値観や言語化できない魂の動きであり、「教皇」は公共性のある精神的価値、つまり公の宗教や道徳だということができる。

いずれにしても教皇は、人間が直面するさまざまな事態をときほぐし、それを言語化して、理解と受容への橋渡しをしてくれる存在なのである。


【リーディングのヒント】


神の代理人である教皇は、精神的な指導者を暗示する。そこでこのカードは、何らかの導きを得ることや、宗教的・精神的な意味での指導者に従うことなどを意味している。一般には、よい助言を得ると解釈されるが、それは、精神的なサポートが得られることに由来するものだろう。

一方で、ひとつのよりどころに頼るあまり、「これしかない」「これさえあれば」という考えにとりつかれやすい。たとえば今の地位さえ失わなければ、といった偏狭な考え方である。その意味では「教皇」は、自分の価値観の背景にあるものを見つめ直せというメッセージでもある。人物としては教師、宗教者、先輩などを暗示する。

6：恋人

相反するものを統合する心の働き

恋人（上ウェイト＝スミス版、右下ヴィスコンティ・スフォルザ版、左下マルセイユ版）

タロット占いで最も需要が高いのは、おそらく恋占いだろう。そのときに「恋人」のカードが出たら、恋愛成就が約束されたように思えるかもしれない。

しかし、図像の歴史をひもとくと、それほど単純に解釈できるものではないとわかる。また、過去五〇〇年強の歴史のなかで、「恋人」のカードは例外的に変遷の激しい絵柄でもあるのだ。

一五世紀のヴィスコンティ・スフォルザ版を見てみよう。クピド（キューピッド）の下で、正装した男女が握手をしている。図像学的には婚約の場面を表すもので、研究者の一部は、この男女がミラノの支配者であったフランチェスコ・スフォルザとビアンカ・マリア・ヴィスコンティであるとしている。これが正しければ、愛の成就と解釈されても不思議はないのだが、このときフランチェスコは四〇歳、ビアンカは一六歳。政略結婚が当たり前だったルネサンスの貴族社会で、はたして愛が成就したと言えるのだろうか。

一五世紀末から一六世紀に製作された木版画のカードを見ると、やはりふたりの男女の上にクピドが舞い、矢を放とうとしているが、マルセイユ版系のカードでは、ふたりの女性に挟まれてひとりの男性が立っているシーンが描かれるようになる。残念ながら、この図の説明はまったく残されていない。ふたりの女性からひとりを選ぶ場面だという説や、花嫁の母から花嫁が受け渡されるシーンだとする説があるが、推測の域を出ない。

一九世紀のイタリアのカードでは、ひとりの男性が、豪華な冠を戴く女性と簡素な衣服の女性の間に立っている。これは明らかに、富と愛のどちらを選ぶかが主題である。

面白いのは一八〇七年頃のグッペンベルクのカードだ。相手を選ぼうとしているのは女性で、男性のひとりは鎧をつけた戦士、もうひとりは王の衣装をまとっている。力と権威のどちらを選ぶかがテーマであろう。なんと女性は、ふたりの男性の手を取っている。

多くのタロット入門書は、「恋人」のカードの意味として「選択」を挙げている。それはこうした伝統的な図像の影響によるところが大きい。

だが、二〇世紀のウェイト=スミス版では、「恋人」の図像が大きく変化している。裸でたたずむふたりの男女。女性の後ろには実をつけた果樹があり、そこには蛇がからみついている。頭上には、翼を広げた天使がいる。この図は明らかにエデンの園で、楽園追放以前の状態を暗示している。ウェイトによれば、この図は「結婚」という契約関係が生まれる以前の「純粋な愛」の象徴だという。また彼は、蛇に誘惑された女性が禁断の実を食べ、人類を堕落させたのは、実は人間の意識を進化させるための神の計らいだったという解釈もしている。つまり、堕落と、その後の救済が暗示されているのだ。

一連の「恋人」のカードに共通するテーマをあえて探してみよう。

実は、男女の結びつき（結婚）は、錬金術で多く見られるモチーフである。火と水、硫黄と水銀、王と王妃など、相反する性質のものが結ばれることで、黄金への変容が起こるとされている。錬金術を心理学的に解釈したユングは、このように相反する要素を統合していくことが、魂の成長において欠くべからざるものだと考えた。自分の対極にあるものや、自分が排除しようとしていたものを統合していく心の働き。タロットに触れ、自分の内面とじっくり向き合うとき、そんな変化が自然に訪れるかもしれない。

【リーディングのヒント】

「恋人」は、使うカードによって意味が異なる。ウェイト版やヴィスコンティ版のようにひと組の恋人が描かれているカードなら、恋愛あるいはそれに似た状況を暗示する。大好きな人や事柄、目指す生き方など、自分が大切にすべきものが直感的にわかる。それはあなた自身の選択なのだが、運命をも感じるに違いない。また、どうしようもないほど魅力的なものと出合い、あなた自身が大きく変容していくプロセスにあるのかもしれない。

一方、マルセイユ版のようにふたりの女性とひとりの男性が描かれているなら、「選択」「決断」といった意味が強く浮上してくる。意識的にどちらかを選び、どちらかを切り捨てなければならない。ただ、今しも矢を放ちそうなクピドを見ると、その決断はあとわずかでできそうではある。

7：戦車

英雄や皇帝の勝利を祝う凱旋車

戦車（上ウェイト＝スミス版、右下ヴィスコンティ・スフォルザ版、左下マルセイユ版）

戦車というと、大砲を積んだ物騒な装甲車を想像しがちだが、タロットの「戦車」とは、祝祭のパレードを彩る山車のことである。ルネサンス期には、ローマ時代の風習を再現した華麗なパレードが、折に触れて繰り広げられた。山車の上には、神話の英雄や神々の像、あるいは愛や死といった抽象的な概念の寓意像が載せられ、人々を楽しませた。今でいえばテーマパークのパレードを思わせるような一大イベントだったのだ。

タロット研究者のガートルード・モークレイは、こうしたパレードの寓意像がタロットの図像の起源だったのではないか、という説を立てている。

一五世紀のヴィスコンティ・スフォルザ版では、戦車に乗っているのは女性で、前項の「恋人」に登場する人物とそっくりだ。スチュアート・キャプランによれば、この戦車を引く馬には翼があり、ただの馬ではないことから、この女性は実在の人物ではなく、寓意的な意味を色濃く持った存在であることが推測できるという。少し見づらいが、手には笏《しゃく》丈《じょう》（王権の象徴）、そして宝珠（世界的支配力を表す）を持っていることから、おそらくこの女性は「名声」の寓意であろうともキャプランは言う。

一六世紀のマルセイユ版でも、ほとんど同じ構図である。しかし、戦車に乗っているのは若い王、あるいは英雄に変化している。これは、戦争に勝利したローマ皇帝の凱旋を模して、ルネサンス貴族が行ったパレードを描いたものなのだろう。

二〇世紀のウェイト＝スミス版では、図像にオカルト的なアレンジが施されている。戦車をひくのは馬ではなくスフィンクスで、戦車に乗る王の冠には星が輝いている。彼は、どこかの世界を征服した勝者なのである。ウェイトは、このカードを外的世界あるいは知的世界の征服を表すものだと解釈している。

もし、こうした「戦車」の図像の意味をそのまま占いに応用するとしたら、記念日、祝祭的な雰囲気、自己顕示、勝利、栄光、賞賛などの意味が妥当だろうか。

一方、ユング派の心理学者サリー・ニコルズは、戦車を「魂の乗り物」だと解釈している。この乗り物は、現実の世界でさまざまなかたちをとる。たとえば、魂の意図を現実化するには、実際の行動を起こし、現実を動かしていくために肉体という戦車が必要だ。また、どんなふうにふるまい、どんな人に、どんな言葉で働きかけるのかということも重要である。つまり、行動そのものもまた戦車の機能ではないだろうか。

戦車をうまく御す者は、戦いに勝利できる。そして、この世界で成功を手にして、文字どおり凱旋することができるだろう。

しかし、戦車の乗り手である英雄にはマイナス面もある。たとえば、状況の変化を顧みず、いつまでもひとつの目標に向かって走り続けたら、無知蒙昧《もうまい》な暴君になりかねない。あるいは、「絶対にこれだけはやらなければならない」と強い意志を持つのはいいが、その目標にとりつかれ、肉体という戦車を酷使する人がいかに多いことか。会社という戦車のために、自分をないがしろにしている人もいるのではないだろうか。

自分の「戦車」はいったい何か。それをどんなふうに用いているのか。また、そもそも「戦車」の乗り手であるあなたの魂は、何を目指そうとしているのか。そんなことを一度じっくりと考えてみるのもよいのではないだろうか。

【リーディングのヒント】

戦車に乗っているのは、心理学的にとらえれば、自分の心や情動を制御している自我あるいは魂そのものである。状況が紛糾していても、自分をコントロールすることができれば、目指すものを達成できるだろう。あるいは、迷いなく自分の力を発揮していける。計画を実行に移すこと、目的に向かって邁進《まいしん》すること、勝利を得ること、危険を冒す勇気やパワーを暗示することもある。事態は流動的だが、あなたは流れに乗っているし、自分の目的を見失ってもいない。正しい方向に動いているのである。ただし、精神的な柔軟性を失い、かたくなになったり、思い込みが激しくなりすぎたりしていないか、ときに自分をふり返ってみるのも有効だ。より具象的なレベルでは車やドライブ、旅行の暗示。人物としては、ドライバー、自分の意志を実行に移している人など。

8：正義

心の内にあり、善悪を判断する女神

正義ウェイト＝スミス版

ラファエロの描く「正義」の寓意像（署名の間より、1508～09年、バチカン宮殿）

『死者の書』より。心臓を入れた壺と女神マアトの羽根が天秤にかけられている

デッキによって番号が違うのが、このカードである。これは一九世紀に、魔術結社「黄金の夜明け団」が教義体系を構築する際、「正義」が8で、「力」が11という旧来の順番では不自然な箇所が生じるため、両者の順番を入れ替えたことによる（置換した詳しい理由は第二章94ページに記載）。その結果、黄金の夜明け団の流れを汲むウェイト版では「力」が8で「正義」が11となった。一方、当時すでにポピュラーになっていたマルセイユ版では、それまでどおり「正義」が8で、「力」が11なのである。

さて、「正義」のカードは、一五世紀にタロットが登場して以来、その図像がほとんど変化していない。これは、中世以来の伝統のなかで、右手に剣、左手に天秤を持つ女神によって「正義」を表すというスタイルが定式化され、完成されているためである。現在でも欧米の裁判所へ行けば、正義の女神の像が見られる。この図像のルーツは、明らかに西欧の伝統における正義の寓意像であり、それ以外の神話的要素をもち出す必要はない。

「正義」は「節制」「賢明」「力」と並び、西洋における四つの枢要徳（カーディナル・バーチュー、基礎となる徳目）のひとつに数えられたもので、プラトンの『国家』にも登場する。お気づきのように、「賢明」を除く枢要徳は、タロットの札に存在する。また、枢要徳のなかでも「正義」は、ほかの三つを支えるものとして重視されるようになり、さらにキリスト教の徳目である「信仰」「希望」「愛」の三つが加わって「七つの徳目」とされるようになった。こうした徳目は、擬人化された寓意像として、ラファエロなどをはじめとする画家たちに好んで描かれるようになった。ヨーロッパ文化に親しんだ人であれば常識的なものである。

ただ、興味深いことに、ヨーロッパ以外の文化圏でも「正義」の像によく似た像やモチーフやイメージを見ることができる。「正義」像は元型的イメージなのである。

たとえば、エジプト神話の女神マアトである。エジプトの『死者の書』によると、冥府におもむいた死者たちは、その魂の象徴である心臓を、善悪をはかる天秤にかけられるのだという。天秤の一方には、正義の女神マアトの象徴である羽根が載っている。この羽根と心臓が釣り合えばよし、釣り合わなければ、生前に悪行を犯したと見なされ、死者の魂は化け物に食われて、生まれ変わりのチャンスを永遠に失う。

このような文化を超えた合致は、善悪をめぐる判断つまり「正義」が、一種の元型的なものであることを示しているのだろう。つまり、人生において、「善きこと」と「悪しきこと」を判断する場面は繰り返し登場するのであり、それをジャッジする正義という概念は、そもそも心の奥深くにセットされているのである。

しかし、何をもって善悪を判断するのかという問題は、とくに現代社会において非常に難しいテーマとなっている。たとえば日本では、若者が「どうして人を殺してはいけないのか」という問いを発して、大人たちを絶句させるという事件が一九九〇年代に起こった。人を殺してはいけないという、きわめて基本的なモラルさえもが揺らぐのである。

その一方で、三歳の子供でも「それはずるいよ」と口にすることがある。正義の女神の天秤が釣り合っていないという感覚を、幼い子供でも持っているのである。

正義の女神は心の深いところに存在し、それが人に善悪の感覚を与えている。心の内なる「正義」の声に応答することは、今とても大事なことになっている。

【リーディングのヒント】

このカードは、自分にとって何が正しく、何が間違っているかを客観的に判断する視点を意味する。あるいは、決断を下す際に、冷静な見方が必要になることを示す。主観や情に流されず、一歩引いたところから判断しよう。

正義の女神が法を司ることから、法的な問題がからんでくることもある。問題の解決には利害関係のない第三者、あるいは第三者的な視点を導入することが重要だ。

このカードのマイナス面は、相手を批判することや、自分が正しいという考えにとりつかれることだろう。人物としては法律家、批判的な人物、冷静な視線を失わない人物、バランス感覚を備えた人など。

9：隠者

ひとりで過ごす静かな時間が
魂を磨く

隠者（上ウェイト=スミス版、右下ヴィスコンティ・スフォルザ版）

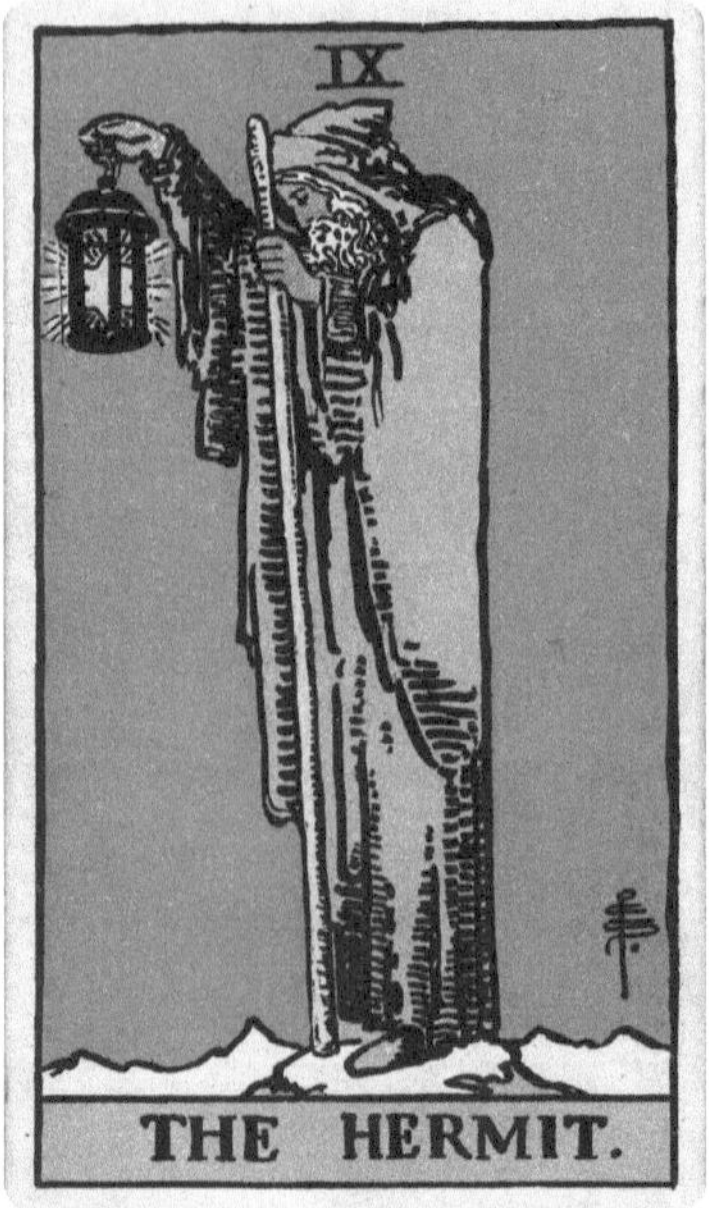

ペトラルカ『凱旋』より「時」
（16世紀、写本の挿絵）

タロットの歴史で面白いのは、「誤読」や「ミスコピー」が創造的変化や進化のきっかけになることが多い点である。それは生命の変化と同じである。突然変異という遺伝子のミスコピーの結果が、自然淘汰のふるいにかけられて新しい種を生み出してゆく。同じようなことがタロットの図像にも起こっている。この「隠者」の札は、その代表例だと考えられている。この「隠者」とは、だれだろうか。

現在の多くのタロット入門書は、ランプを掲げ、ひとり暗い道を進む老人の姿に、孤高の賢者を見ている。ウェイト=スミス版では、この「隠者」が持つランプの灯が、神秘的なヘキサグラム（六芒星）になっている。「タロティストの母」イーデン・グレイは、「隠者は絶対的な知恵」を表すというが、その鍵がこのランプであることは明らかだろう。

ただ、最古のタロットと目されるヴィスコンティ版をつぶさに見ると、マルセイユ版やウェイト=スミス版と構図はほぼ同じでも、手にしている物が違うことに気づく。ヴィスコンティ版で老人が手にしているのは、ランプではなく砂時計である！　ここで「隠者」の謎が解ける。ルネサンス時代には「時」が擬人化され、寓意像とされていた。ペトラルカの詩『凱旋』では、「愛」が「時」に取って代わるのだが、のちにこの詩につけられた挿絵では、砂時計を持った老人が「時」として描かれる。つまり、この図像は「時」を象徴しているのである。

図像学的には、砂時計を持つこの老人は「時の翁」と呼ばれる。ラテン語では「セネックス（老人）」といい、時をへて完成する者、あるいは無常の時の流れを知る者の姿だ。おおもとのルーツは、ギリシア神話の神々の始祖クロノスと、ローマ神話の農耕神サトゥルヌスである。本来は別々の神だが、紀元前五世紀頃には同一視されるようになった。

タロットにかんして冷静な研究者であるマイケル・ダメットは、おそらく寓意像に十分な知識を持たなかったカード職人が、いつしか砂時計をランプと見間違え、ミスコピーをしたのではないかという。真相は謎だが、その可能性は十分にある。そして重要な点は、取り違えられた図像もまた人々の共感を得て、今なお残っていることだ。淘汰されることなく、突然変異が生存し続けたのだ。

では、「時の翁」あるいは「隠者」は、僕たちに何を語りかけているのだろうか。そこには、ひとりになる時間と孤独というふたつのテーマが見えてくる。人は老いを恐れる。それは時の流れから取り残され、ひとりになってしまうと感じるからではないか。アンチエイジングを謳《うた》った商品が山のように生み出されているのは、その表れだろう。孤独も同様である。今や日本人の多くはＰＣを所有し、スマホを持ち歩き、常に他人とつながって孤独を避けている。ある意味では、孤独でいるのが難しいほどの状況なのである。

しかし、人としての経験や知識など、時を重ねることで磨かれるものがあることを僕たちは知っている。孤独もまた、人間には必要なものである。たとえばユング派の心理学者アンソニー・ストーは『孤独』という著書のなかで、デカルト、ニュートン、パスカル、スピノザ、カント、ショーペンハウエルなど多くの天才たちが、他者との親密な関係をほとんど持っていなかったことを挙げ、「孤独」が創造性を支えると述べている。

ときには内なる「隠者」を呼び起こし、自分自身を見つめ直す静かな時間を持つことも大切なのである。

【リーディングのヒント】

「隠者」のカードは、あわただしい日常を離れて孤独な時間を過ごすことを暗示する。積極的に動くより、自分の内部に沈潜《ちんせん》する時期が来ているのかもしれない。それは悪い意味ではなく、自分の内側のエネルギーに接触するために、外界での活動をいったん休止するということだ。活動に回すエネルギーが低下するので、傍目にはスランプに見えるかもしれないが、新しいステップを踏み出すために必要なことである。

時間をかけて何かをなしてゆくこと、老人、円熟した人物を暗示することもある。

ネガティブな意味では、自分の考えに固執するかたくなな老人のようになってしまい、新しい可能性に目を向けようとしないことを暗示する。

アルブレヒト・デューラー『メランコリアⅠ（Melencolia）』（1514年）
「時の翁」のイメージソースである時の神クロノス／サトゥルヌスは、土星をつかさどり、占星術的観点からメランコリア（憂鬱質）と結びつけられた。ルネサンス期においては、メランコリアは哲学者の資質であり、魂を高みに導くための崇高な性質だと考えられるようになった。この作品は、そうしたメランコリアを表現している。元型的には、作品中で考え込んでいる天使は、タロットの「隠者」まで通じるのである

10：運命の輪

人生の変転と宿命の力

運命の輪（上ウェイト＝スミス版、右下ヴィスコンティ・スフォルザ版）

「運命の輪」の寓意像

諸行無常、すべての物事は変転してゆく。ことに現代においては、そのことをまざまざと見せつけられる。昨日まで人々の羨望の的であったスターが、些細なスキャンダルで地位を失うこともあれば、何者でもなかった若者が、新しいIT系のサービスを始めて巨万の富を築くこともある。「まさか」と口にしたくなるような人生の浮き沈みを目の当たりにすることが多いわけだ。

このような運命の変転は、西洋においてはギリシア・ローマの時代から、気まぐれな運命の女神フォルトゥーナと、この女神が回す「運命の輪」の寓意像によって表されてきた。ローマの哲学者ボエティウスは、次のように述べる。

「これはみな私（フォルトゥーナ）の力、これは私の絶え間ない遊び、丸い輪を気まぐれに回しながら、物事の場所を変え、低いものを高く、一番低いものを頂に、一番高いものを一番低いところに変えながら、私は楽しむ」

このような「運命の輪」は、ロマネスク建築の薔薇窓の周囲やタペストリーをはじめ、ヨーロッパ各地に見いだせる。有名なところでは、ヴェローナのサン・ゼーノ教会の薔薇窓は、「運命の輪」そのものである。あるいはシエナの大聖堂にも同様のものが見られる。一五世紀のヴィスコンティ版に描かれているのも、ボエティウスが語るような運命の女神と車輪の組み合わせである。

ヴィスコンティ版の「運命の輪」を子細に見ると、そこに描かれる人物には、ラテン語の標語が付加されているのがわかる。「私は支配するであろう（Regnabo）」、「私は支配する（Regno）」、「私は支配した（Regnavi）」、「私は支配権を持たない（Sum sine regno）」である。この句が添えられるのは、ことタロットに限らず、「運命の輪」の寓意像にお決まりのパターンなのである。

時代が下ってマルセイユ系のカードになると、「運命の輪」の図像から女神の姿が消えてしまうのが特徴だ。そして、作品によって細部には違いがあるのだが、多くの場合は三匹の生き物が登場する。

車輪の頂点には、王冠をつけた猿がいる。これは運命の頂点にいるわけであろう。また、もう一匹の猿が車輪によって下降させられており、逆に犬が上昇しているのだ。猿や犬が何を象徴するのか、実際のところはわかっていない。スチュアート・キャプランによれば、猿は奸智のシンボルであり、犬は欲望を表しているという。ただ、「運命の輪」をモチーフとするすべてのケースに、この解釈が適用できるかどうかは不明である。

いずれにせよ、ここに見られるのは人生の運命的な変転であり、ちょっとしたことで人生の方向が変わるという運命のいたずらの残酷さでもある。また、そうした残酷な力が、人々にチャンスを与えもするという、パラドクスである。

人生は、努力と意思力だけで切り開いていけるとは限らない。そこには見えざる運命の手が介在しているように感じられるのも、また事実である。だが、その運命の輪の働きは人知を超えている。偶然か必然か。意味のない出来事か摂理か。人生をめぐって人々が感じるさまざまな運命観が、このカードを見たときに浮かび上がる。

【リーディングのヒント】

「運命の輪」は、状況がいやおうなく変化していることを暗示する。多くの場合はラッキーチャンスの到来を告げるものだが、思わぬアクシデントの予兆となることもある。いずれにしても、運命を感じさせるような出来事が起こったり、物事の流れが変化してきたことを感じたりするだろう。自分の努力とは関係のないところで何かが動き、無意識の圧倒的な力を実感することもある。自分の気持ちが変化していき、自分でも驚くような行動をとってしまうこともある。

一方で、運命の女神は、機を逃さず行動できる人にのみ微笑むともいわれている。つまり、「善は急げ」というメッセージでもあるのだ。

人物としては、幸運な人物、投機家、ギャンブラーなどを示す。

アルブレヒト・デューラー『ネメシス（The Great Fortune）』（1502年）
ドイツ・ルネサンス期を代表する画家、デューラーが「運命の女神フォルトゥーナ」を描いた作品。右手には酒杯、左手には馬勒を持ち、それぞれ寵愛と懲戒を示している。彼女は、不安定な球体の上に乗り、世界を移動していくが、これは、タロットに描かれた「車輪」と同じく、変転する運命の儚さ、気まぐれを表している

11：力

内なる衝動を飼いならす

力（上ウェイト=スミス版、右下ヴィスコンティ・スフォルザ版）

リーパ『イコノロギア』より
「勇気」

すでに述べたように、ウェイト＝スミス版においては「力」は8番に置かれているが、伝統的なマルセイユ版においては11番に置かれる。

この「力」の図像は、解読が易しいようで難しい。一見すると、この札の寓意画は、伝統的でよく知られた「力」という徳目の、ごくありふれた記号化であるように思える。「正義」の項目（216ページ）で解説したように、ヨーロッパでは「正義」「節制」「賢明」と並んで「力」は四大枢要徳のひとつとされてきた。

ルネサンス時代に大いに参照されたチェザーレ・リーパの寓意画事典『イコノロギア』にも「勇気」という項目があり、そこにはひとりの人物が、獅子の口に手をかける姿が描かれている。これは一見、マルセイユ版やウェイト＝スミス版に見られる、女性が獅子の顎に手をかける「力」の構図とよく似ている。しかし、タロットの図像と寓意画事典の「勇気」には大きな違いがある。多くの場合、この人物は男性なのだ。リーパによれば「英雄的な勇気を誇る男は、ライオンを相手にひとりで戦う。……その手はライオンの口に入り、舌をわしづかみにして引き出す」のだ。

女性が「力」の擬人像として描かれることも多いのだが、その場合には「剣あるいは棍棒で武装し、腕に盾をかけ、頭をライオンの皮で覆っている」か、柱とともにあるか、柱を壊しているような図像が一般的だった（美術史家エミール・マールによる、56ページ参照）。

一五世紀のヴィスコンティ版では、たくましい男が棍棒で獅子を打ち倒している姿なので比較的わかりやすいのだが、女性と獅子の組み合わせとなると、タロット以外にあまり例がない。いったい、これは何なのだろう。

こうした図像は、寓意画としては一般的ではない。そこで、おそらくいくつかの図像が混淆《こんとう》したものではないだろうかという説がある。有力な説は、聖書の英雄サムソンが「力」の構図のルーツであるというものだ。サムソンは、ライオンの顎を引き裂いている姿で描かれるが、その怪力の秘密は長い髪にあるとされている。そのためサムソンは、多くの場合、髪とひげを伸ばし放題にした男の姿で描かれるのである。実は、いくつかの写本や版画を見ると、サムソンのこの図像は、マルセイユ版の「力」と酷似している。そのため、のちの版画家たちが、長い髪をしたサムソンの姿を誤って女性として模写したものではないか、と考えられるのである。これはタロット研究家スチュアート・キャプランやロバート・オニールが唱えている説である。

ただ、この説には有力な反証もある。そのひとつは一五世紀に描かれたほかのデッキの「力」だ。王冠をつけた女性が、獅子を優しく手懐けている。タロットの図像において、女性が獅子の顎に手をかける姿のモチーフは、最初期から存在していたのだ。とすると、マルセイユ版のモチーフが単なるミスだとは考えにくくなるのである。タロットの面白さは、このような単純に見える寓意画のなかに、謎が秘められているということである。

とはいえ、タロットの伝統の中では、たおやかな女性が荒々しい獅子を手懐ける姿で描かれるようになり、これが広く受容された。日本でいう「柔能《よ》く剛を制す」ことを意味するかもしれないし、心理学的にいえば獣に象徴される荒々しい本能的な衝動をほどよく受け入れ、飼いならすことを示すように見える。


【リーディングのヒント】


「力」は、自分の内部にある本能的な力や強い衝動を制御できることを暗示する。たとえ表面的な状況が穏やかに見えても、実は内面ではいろいろなことが起こっており、それをコントロールすることが求められている。感情的・衝動的な行動は控え、まわりの状況を冷静に把握して行動しよう。関係者の都合なども視野に入れ、忍耐強く事に当たるほうがよい。とくに対人関係では、大人の判断とスマートなアプローチがものをいう。

ほか、自分の情熱を創造的・建設的に用いることを暗示する場合もある。

人物としては、内剛外柔のタイプを暗示する。つまり、芯はしっかりしているが、対応はソフトな人物を示す。

12：吊られた男

自己犠牲の精神か、
反逆者の姿か

吊られた男（上ウェイト＝スミス版、右下マルセイユ版）

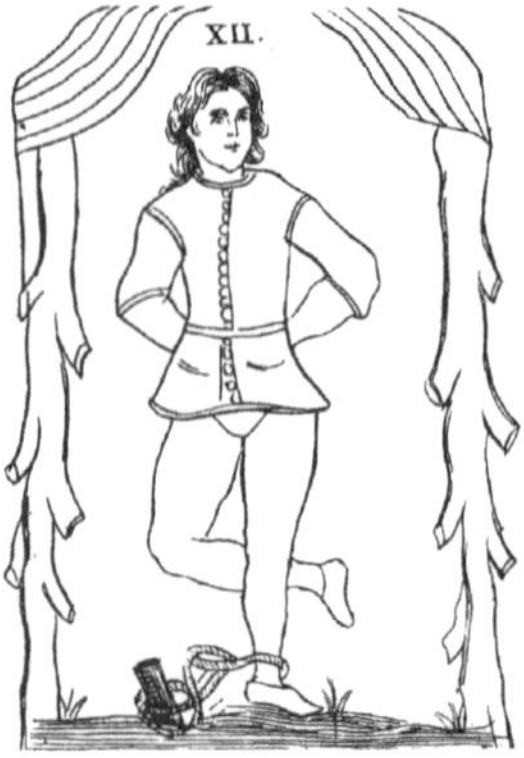

ジェブランによる「賢明」

「吊られた男」は、タロットの札のなかでも、とくに印象深いカードである。逆さ吊りにされた男という猟奇的なイメージのため、ミステリー小説やコミックのなかで、この札が小道具として用いられることも少なくない。

しかし、現代のウェイト=スミス版などでは、そのように恐ろしく猟奇的な意味は与えられていない。ウェイト系の多くのタロットでは、この人物は逆さ吊りにされているにもかかわらず微笑みを浮かべ、その頭からは後光さえ差しているのだ。イーデン・グレイらによれば、これは世俗的な価値観を逆転させ、「他者の生き方を完全に受容」する、自己犠牲的な精神を示す。「高次元の神への服従」という意味すらつけられている。

このカードが、本来は「吊られた男」ではなかったという見方もある。タロット=エジプト起源説を唱えたジェブランは、四つの枢要徳のうち「賢明」だけがタロットの絵札から欠落していることに注目し、この札こそ失われた「賢明」だとした。本来、片足で立っているはずの人物が、無知な絵師のミスで反転されたと解釈したのだ。実際、フランドルで描かれたカードでは、片足で立っている。だが、こうしたものは例外で、ほとんどのカードは「吊られた男」を描いている。そして、わずかに残る文字記録も、この札が「吊られた男」であったことを告げているように見えるのだ。

では、そもそも彼は誰なのか。

タロットを歌ったルネサンス期の詩では、この人物は「反逆者」と呼ばれている。この時代は、片足で吊るされた姿の反逆者を描き、さらしものにすることが一般的な慣習であったようだ。たとえば、一四四〇年、アンドレア・デル・カスターニョは、逆さ吊りの姿で反逆者たちの絵を描き、これがフィレンツェのバルジェロの壁にさらされることになった。ルドヴィコ・スフォルザ公も、フランスに寝返った反逆者を同じようなかたちで描くように命じている。また、初期のタロットの「吊られた男」のなかには、手に袋を持っているものもある。そこには金銀貨が入っていると連想され、金のために主イエスを裏切ったユダを描くものであるという説もある。

だから、文字どおり（絵のとおり）に読めば、これは自己犠牲ではなく、むしろ私欲による裏切り行為を表すものだということになるだろう。

その一方で、ウェイトらが考えたように、精神的な価値のために自己を犠牲にしているという解釈が生まれ、それが広く受け入れられていることも、無視するには惜しい。その解釈が、多くの人々の心を打つものだからだ。たとえば、既存の価値観のなかで身動きがとれないと感じている人は少なくないのではないだろうか。修行とはいわないまでも、理不尽な状況のなかで手足を縛られ、方向性を見失っているように感じる人もいるはずだ。

実際、今まさに宙吊りのような気持ちで、あるいは縛られたような気持ちで苦しんでいるという人は、社会やコミュニティに適応できず、その価値観からはみ出した、ある意味では「反逆者」のような一面を潜ませているのかもしれない。

このカードは、自分の価値観が揺らぎ、周囲との無言の摩擦や相克が起こっていることや、心理的あるいは物理的に身動きがとれないことを表すようにも僕には感じられる。


【リーディングのヒント】


「吊られた男」は、宙ぶらりんの状態を暗示する。自分の立ち位置が決められないため、前にも後ろにも進むことができない状況なのである。そこから脱するには、いったん状況をリセットして、自分の夢や目標を考え直したり、自分がどのような道を歩もうとしているのかを見つめ直したりするとよいだろう。がむしゃらに進もうとするのではなく、自分の考えや思い、置かれている状況などをニュートラルな視点から見つめてみることが必要だ。たとえば、さまざまな人の思惑などに縛られて、動けなくなってはいないだろうか。

また、仕事と恋愛のはざまで動けなくなっているなど、こちらを立てればあちらが立たずといった状況を暗示することもある。このカードには自己犠牲という意味もあるが、より大きな目的を達成するために、小さな野心を捨てるべきだというメッセージかもしれない。

人物としては、禁欲的な人や、自分を犠牲にしている人を暗示する。

13：死神

新たな自分を作る
再生の原理

死神（上ウェイト＝スミス版、右下マルセイユ版）

ギュイヨ・マルシャンが1485年に刊行した『死の舞踏』の挿絵

タロットの絵札のなかで、最も恐ろしげなものがこの「死神」であろう。多くのデッキでは死を擬人化した、骸骨が描かれている。

こうした死のイメージは、中世末期に大いに流行した「死の舞踏」や「死の勝利」の題材を淵源とすることは、ほぼ確実であろう。

よく知られているように、中世末期の一四世紀には、ヨーロッパで黒死病（ペスト）が大流行して、実にヨーロッパの人口の四分の一が失われたといわれている。苛酷な生活状況や衛生状態のなかで、人々はまさに「死」と直面して生きていたわけである。

死という力の前には、王の権力も聖職者たちの法力も、まったく無力である。だからこそ、封建社会にあって、死の絶対的な平等性が強調されたと考えられる。

ペトラルカの詩『凱旋』が、タロットの図像学的な表現のルーツになった可能性については第一章52ページで述べたが、ことに、教皇も皇帝も平民も踏み越えて進む死の「凱旋」こそは、タロットの「死神」と密接な関係をもっていることは間違いない。

ペトラルカの詩『凱旋』は、このように死の勝利を歌う。

「ああ、果たせるかな
野辺一面が死に満ち満ち
散文にて詩文にて、到底語り尽くしがたし」

死は、愛も純潔も踏み越えて、野を死者で埋め尽くし、進んでゆく。ルネサンス貴族たちは、実際にこのような「凱旋」をパレードとして実演したが、ルネサンスの画家にして建築家ヴァザーリによれば、フィレンツェのカーニバルにおける「死の勝利」は、前代未聞のものであったという。この市の支配者ピエロ・ディ・コジモ本人が準備した巨大な山車は、バッファローにひかれていた。山車の上には死神の像がそびえ、それを取り巻く墓からは、山車が停止するたびに死者が躍り出て、嘆きの歌を歌ったという。

ペストの脅威がいったん去り、華やかな文化が咲き誇ったルネサンス期のイタリアでも、中世末期以降は「メメント・モリ（死を思え）」の重苦しい残響がこだましていたことを、タロットの「死神」は物語っている。

こうした文脈にしたがって読むとき、「死神」のカードは、文字どおり死の暗示、あるいは、教会を通しての救済を暗示するように思えてくる。

しかし、死のイメージが強力なのは、そうした生物学的な、字義どおりの死によるものばかりでもないだろう。ユングの元型論的にいえば、死と再生は心の変容で、あるステージから脱皮して次の段階へと進むことを象徴する。古い自我は、新しい自分のために死ななければならない。過去の自分に固執することは腐敗であって、新しい生は得られない。

考えてみると、こうしたプロセスはあちこちで生じる。実際の死ですら、巨視的に見れば新しい生命に道を譲るためのプロセスかもしれないし、人生のなかでも、成長する段階のひとつひとつでは、小さな「死」が起こっている。死の無慈悲さと同時に、それがもたらす再生の原理のようなものも見えてくるのである。ウェイト=スミス版の「死神」には昇りゆく太陽も描かれる。死を経て再生することへの希望を、現代のタロット研究家は、はっきりと意識して描いていたわけだ。

【リーディングのヒント】

「死神」は、まさに「死」や「終了」を暗示する。物事が終了し、新しいサイクルに入ることを告げるものだ。物事は、これまでと同じようには進まない。大きな変化が起ころうとしている。その変化は、あなた自身の価値観を激変させるだろう。古い自我はここで死ぬ。それはかなり厳しくつらい状況かもしれないが、新しい自分をつくるためには必要なことなのだ。今の仕事や恋は、ここで終わるかもしれない。といっても、辞職や別離を暗示するとは限らないが、流れが大きく変わるため、これまでと同じ状態でいることはできない。そうした変化を受け入れることは、一時的には苦しくても、新しい未来を開くことにつながるだろう。

何かを手放すことの重要性を教えるカードでもある。

14：節制

杯の間を流れる水は、心の本質を暗示

節制（上ウェイト＝スミス版、右下ヴィスコンティ・スフォルザ版）

アントニオ・デル・ポッライオーロ『節制』（1470年、ウフィツィ美術館所蔵）

このカードは、タロットの図像のなかでは、比較的絵解きが簡単なものである。ひとりの女性が、左右の手それぞれに杯を持ち、片方からもう片方へと液体を注いでいる。これは、すでに何度か述べた四つの「枢要徳」のひとつ、節制を描くものである。中世において「節制」という言葉は、とりわけ禁酒を意味した。そこで、葡萄酒を水で薄めている様子を描くことによって「節制」という抽象的な概念を擬人化したのである。

このような節制の図は、バンベルク・カテドラルにあるクラレンス二世の墓や、ペルージャのカンビオ学院のペルジーノによる壁画などに見ることができる。

しかし、「節制」を子細に眺めると、いくつかの差異もある。最大の違いは、ヴィスコンティ版の女性には翼がないが、マルセイユ版以降では、大きな翼を持つ天使として描かれていることだろう。翼のある「節制」は、タロットの図像に特徴的なものだといえそうだ。いったいこの翼はどこから出現したのだろうか。

翼そのものの発明者がわからないので推測の域を出ないのだが、最も実証的だとされるタロット史の研究家、マイケル・ダメットは、次のような解釈を提供している。

古い時代の「節制」のカードにおいては、擬人像が椅子に座っているものもあった。ちょうど「女帝」が玉座に座しているのと同じである。のちに、宮廷絵師ならぬ、図像学的な教養を持たない版画家が、それをタロットに模写したときに、椅子の大きな背もたれを翼と見誤り、女性を天使にしてしまったのではないかというのだ。

現代のタロット解釈では、このカードには、実に深遠な意味が与えられていることが多い。実際、ウェイトが書いたカードの注釈書には、「単なる節制という表面的な意味以上のものがあるのは明らか」と記されており、それは人間が達成可能な「永遠の生命の秘密の一部」を表すという。

ここで図像学の文脈を離れ、イメージを自由に膨らませてゆくことも、タロットの解釈としては許されるだろう。

興味深いのは、ユングが自著のなかで、錬金術と類似したイメージとして挙げているひとりの患者の夢にも、「節制」と同じモチーフが現れると述べていることだ。『心理学と錬金術』に収められた「個性化過程の夢象徴」には、こんな夢が引用されている。「母親が一つの盥《たらい》から別の盥へと水を移しかえている。……この行為は大変厳粛に行われる。というのもこの行為は周囲にとっても極めて重要な意味を持っているからである」

ユングによれば、この夢においては「盥に注ぐ水は、心の本質の生きて動くさまの見事な象徴」なのである。つまり、古い場所にあった無意識のエネルギーが、新しいかたち、新しい場へと変換されるのだ。その解釈が当たっているかどうかはわからない。重要なのは、ユングの患者の夢に、タロットとも共通するイメージが頻出するということなのである。

ユング派の分析家であるサリー・ニコルズは、「節制」の図像は生命力の交流であり「自我とセルフの対話」であると見なしている。心理学に置きかえられたこの解釈が、先のオカルト的な解釈ときわめて似通っていることが、また面白い。

【リーディングのヒント】

「節制」は、文字どおり節制していることを示す。極端なことを避け、無理のない範囲で自分の生活を律している状態である。右か左か、黒か白かなど、どちらにも偏らずに人生を歩んでいる。また、欲に走らず、自分の分に合った生活をしていることや、穏やかで優しい気持ちでいることを示す。杯の間を流れる水に注目するなら、意識と無意識との間にスムーズな流れが生じていることや、感情と知性の両方をうまく働かせていることを暗示する。新しい価値観や他人の考えを無理なく受け入れられるだろう。また、「あれかこれか」という二者択一ではなく、「あれもこれも」という価値観を生きられる。気持ちが交流し始め、相手の心の動きに反応できるようになり、コミュニケーションが活発化する。

人物としては、穏やかでバランスのとれた人、料理人、優れた外交官タイプを表す。

15・・悪魔

抑圧された
エゴイスティックな「影」

悪魔（上ウェイト=スミス版、右下マルセイユ版、
左下ミンキアーテ版）

「悪魔」のカードは、タロットの札のなかでもとくに印象的なものであり、そのオカルト的な雰囲気とあいまって、タロット全体を象徴するかのように扱われることも多い。現代のタロット本の著者のなかには、タロットを「悪魔の絵本」と呼ぶ者もいるくらいだ。

タロットの歴史においては、「悪魔」のカードの起源というのは謎に包まれている。というのは、一五世紀、最初期の手描きのタロットであるヴィスコンティ・スフォルザ版やカーリー・イェール版などのセットでは、「悪魔」が欠落しているからだ（「塔」も欠落している）。ただし、やや時代が下って、フィレンツェで生まれたミンキアーテ版には「悪魔」が含まれている。

実は、ここが論議の発端となっている。「悪魔」と「塔」、この二枚の不吉なカードは、最初は存在しなかったのであろうか。あるいは存在していたけれど、偶然に紛失され、欠落したのであろうか。あるいは故意に外された、つまり、宮廷で女性たちが遊ぶカードとしては不吉であり、貴族にはふさわしくないと考えられたのであろうか。

ロバート・オニールは、ヴィスコンティ版など、貴族にふさわしい手描きのカードが生まれる前に、安価なタロットのセットが存在しており、そこから故意に「悪魔」を抜いたのだと考える。そして、貴族が作らせた豪華なカード以前のタロットにこそ、統一的なシンボリズムがあると主張している。それに対してマイケル・ダメットらは、ヴィスコンティ系のカードこそが、タロットのルーツだと考える。

つまり、「悪魔」のカードこそは、タロット史をどのように書くかという点で、きわめて重要な争点なのである（なお、現在市販されている復刻版のヴィスコンティ版には「悪魔」も「塔」も含まれているが、これは現代の画家が描いたものである）。

半獣半人の「悪魔」のイメージは、ギリシア神話のシレノスやサテュロス、あるいはパンといった神々の姿を借りたものだと考えられる。下半身がヤギ、上半身は人間で角を生やしている悪魔のイメージは、野性の力を象徴し、好色でみだらな力を表していると考えられた。コウモリの翼は、中世になって現れる表象であって、天使の翼のパロディであろう。

ただし、マルセイユ版など、木版画のカードにおける「悪魔」のイメージは、さほど恐ろしげではなく、ここから悪をめぐる哲学だとか、あるいは教訓といったものが引きだされてくるとは考えにくい。「悪魔」は、一種のコミカルなイメージとして見られていたと考えるほうが、しっくりくるのだが、どうだろう。

現代の心理学者たちは、悪魔を人間の中の本能的な部分、しかもしばしば非倫理的な部分であると解釈する。悪魔は、この世で生き残るためには何でもするし、それは生きていくうえで必要なことでもあるのだが、同時に、エゴイズムに通じるものでもある。そこで、自分の中の非倫理的な、悪魔的な部分とどんなふうに向き合ってゆくべきかを示すのが、このカードだというのである。大悪魔につながれている二人の小悪魔が人間の象徴だとすると、その鎖は緩く、自分自身でその鎖から逃れることができるようにも見える。

ユング心理学の影響を受けたタロット解釈では、このカードを自身の心の中の「影」の元型、つまり自分が抑圧している側面であると見なすことが多い。


【リーディングのヒント】


「悪魔」は、無意識の中の影の部分を暗示する。自分の中で抑圧してきた部分、コンプレックス、制御できない欲望や邪悪な気持ち、憎悪、嫉妬などが表面化してくる可能性がある。だれかを敵のように感じてしまうこともある。こうした気持ちは、抑圧しようとすればするほど強くなるものだ。目を背けないで、自分の中にもそういう暗黒面があることをまずは受け入れよう。自分をごまかすことは最もよくないし、危険ですらある。

または、自分の倫理感が問われているのかもしれない。実際、さまざまな誘惑が多くなりがちだ。相手を支配したい、多少ズルをしてでも楽をしたい、他人を出し抜いて優位を得たい、といった気持ちが湧いてきたら、それは内なる悪魔の囁きである。

人物としては、衝動的な人物、社会のモラルから外れた人物などを示す。

16・・塔

堅固と見えた足場からの転落

塔（上ウェイト＝スミス版、右下マルセイユ版）

ピーター・ブリューゲル『バベルの塔』
（1563年、ウィーン美術史美術館所蔵）

雷が塔を直撃し、そびえ立つ塔が崩壊する。崩れ落ちる塔からは人々が落下する——9・11のアメリカ同時多発テロで倒壊する世界貿易センタービルにも、僕には重なり合って見える。

タロットの絵札のなかでも「死神」「悪魔」と並んで忌み嫌われるのが「塔」であろう。初期のデッキであるヴィスコンティ版の「塔」は、残念ながら欠落しているのだが、その直後に出現した木版画のシートには「塔」が出現し、その構図は現在までほぼ一貫している。

西洋の伝統において「塔」といえば、「バベルの塔」の話を反射的に想起させる。この話は、おごり高ぶった人類が、天にも届かんとする巨大な塔を建設しようとして神の逆鱗《げきりん》に触れ、高慢な心を人類が再び抱かぬよう、そして人々が協力することができぬように、人類の言語がばらばらにされた、というものである。多くのタロット解釈者は、このカードをバベルの塔と結びつけ、占いの際には、傲慢さや行きすぎたプライドへの戒めと見る。

だが、この説には大きな弱点がある。聖書の該当箇所（創世記第11章）には、神が落雷で塔を破壊したという記述はなく、「彼らは町の建設をやめた」とあるだけなのである。この札に「矢」「火」「稲妻」というタイトルを与えている記録は一五世紀頃から存在し、雷や火が強調されていることからも、バベルの塔説は説得力が薄い。もっとも、画家たちの想像力が、神の怒りを雷のかたちで表象したという可能性も否定はできないが……。

バベルの塔説以外には、イエスの血を受けた聖杯を安置した城であるとか、中世のキリスト教説話『黄金伝説』に登場する異教の民の塔、あるいはアダムとイブの堕落を表す、などとも解釈されてきた。とくに注目に値するのは、タロット研究家ポール・ヒューソンによる、中世からルネサンス期の神秘劇説である。

神秘劇とは、民衆の関心を引いて教化するために、中世以来、教会が開催してきた劇、あるいはページェントである。ここに「塔」を思わせる場面があるというのだ。たとえば舞台装置のひとつとして、救われぬ魂たちを焼く、燃えさかる煉獄の塔や、地獄の入口である悪魔の巨大な口が作られた。その魂を救うべくキリストが登場し、煉獄の扉を杖で打ちつけ、「この場所はもはや堅固ではない。我が人々を通せ！」と命ずる。悪魔たちは慌てふためき、「我らが塔が打ち砕かれたのを見よ！　我らが鉄格子は焼かれた！」と叫ぶ。

このカードには、「神の家」あるいは「悪魔の家」という相反する呼称もあったが、神秘劇説をとれば説明はつく。それまで悪魔の所有物であった塔は、キリストの到来によって神の家になるわけであるから。

ただし、これもまた仮説にすぎない。実際の占いでは想像力を広げてゆくほかはないし、むしろそのことで、僕たちの心の内奥をあぶり出すことになろう。

ユング心理学的に解釈すれば、堅固な塔そのものは、社会的な役割に同化しすぎて、内面的な動きを抑圧している状態を示すと読める。そこからの転落が「塔」のテーマだ。たとえば、仕事だけが人生だと考えるお堅い人が危険な恋にのめり込み、自分でもコントロールができなくなってしまい、ついには社会的な立場を失う、といったケースが「塔」ではないだろうか。厄介なことではあるが、もしそれが新しい人生の側面を開くとしたら、単に「凶」とばかりはいえないかもしれない。タロットの豊穣さはこのあたりにある。

【リーディングのヒント】

「塔」は、青天の霹靂《へきれき》ともいえるような、突然の大きな出来事を表す。これまで自分が築いてきたものが一気に崩れ去ることや、予想外のアクシデントが起こる可能性を暗示している。現実の事物などが崩壊するということ以外に、相手に対する信頼が崩れる、裏切られるといった精神的な体験なども暗示される。

しかし、ポジティブな見方をするなら、どこかに疑問を抱きながら惰性的に続けてきた生き方を打ち壊し、新たなスタートを切るという暗示でもある。たとえば「塔」は、高すぎるプライドを表すこともある。その鼻っ柱をへし折られるのはショックに違いないが、そのおかげで初心に返って出直すことができる。過去と決別し、もう一度やり直すチャンスだと解釈してもよいだろう。

17 ∴ 星

闇に輝く希望の光

星（上ウェイト=スミス版、右下ヴィスコンティ・スフォルザ版、左下ミンキアーテ版の「星」は東方の三博士を描く）

「星」の図像は、歴史の中で大きく変遷し、いくつものバリエーションがある。マルセイユ版、ウェイト＝スミス版など、現在主流となっているバージョンでは、裸の女性が川に水を注ぎ込んでいる。頭上には大きな星が輝く。実は、これは大きな謎をはらんだ絵なのである。このような構図に類似したルネサンス期の寓意は見当たらない。この構図は早くも一五世紀には見られるが、一般化するのは一七世紀から一八世紀以降だと思われる。初期のデッキでは、まったく異なるデザインが、さまざまなパターンで存在していた。

ヴィスコンティ版では、女性が星を手にして立っている。まさしくこれは星の世界の擬人像だ。ひょっとすると、天文学の女神であるウラニアかもしれない。実際、ほぼ同じ時代に作られている「マンテーニャのタロット」では、同じようなモチーフがウラニアとして登場する。

フィレンツェのミンキアーテ版の「星」では、東方の三博士とおぼしき人物の一人が、星の下に描かれている。いうまでもなく、イエス・キリストの生誕を予告した、あのベツレヘムの星を描いているわけである。

ド・エステ版と呼ばれる一五世紀のカードでは、アラビア風の衣装をまとった天文学者、あるいは占星術家が星を観測している。これは星というよりも、天文学あるいは占星術を表象しているようにも見えるのだ。より直接的に、砂時計やコンパスを持って星を観測する占星術家を描いたものもある。これらは、星そのものや星の学問を表象するときに、しばしば用いられた表現形式なのである。

さらに、ローゼンヴァルド・コレクションにあるシートでは、画面に大きな「星」だけがシンプルに描かれている。

「星」の後に「月」と「太陽」が続くことを考えれば、単に天界の光を暗いものから明るいものへと並べ、ゲームにおける切り札の強さを表したと見るのが自然かもしれない。

問題は、マルセイユ版以降のような構図がどのように生まれてきたのかであるが、今のところ有力な説はないようだ。水瓶から神酒を注ぐ美少年ガニュメデス（水瓶座の神話）の構図とはよく似ているものの、ガニュメデスはあくまで美「少年」であり、女性ではない。この図像をめぐる謎の解明は、今後の課題であろう。

ウェイト＝スミス版の製作者であるウェイトは、「星」のカードに「希望」という意味を当てはめている。一五世紀の初期のデッキには、キリスト教の徳目である「純潔」「信仰」と並ぶものとして「希望」を表すカードが含まれているものもあったが、ここでいう「希望」とは、キリスト教の徳目だけではなく、もっと広く素朴な「希望」であろう。

たとえば、大海原に乗り出す船乗りたちは、星を頼りに船を進めてきた。真っ暗な夜空に輝く星は、どんな闇の中にも光が存在するという、希望の象徴でもあったのだ。明けの明星もまた、光の世界の訪れを告げるものである。ダンテの『神曲』によれば、地獄の門には「すべての希望を捨てよ」と刻まれているとされるが、地獄では星は輝かず、地獄を抜けたときに初めて星が見えるのだと歌われている。

星は、希望の元型といってもよいものである。だからこそ人は、希望を求めるときに「星に願いを」と口ずさむわけだ。

【リーディングのヒント】

「星」は、希望や理想、純粋な願いを象徴するものであり、新しい夢やヴィジョンが生まれることを暗示する。混沌として先が見えなかった状況に、一条の光が差すというサインである。新たな可能性が具体的なかたちをとり、目前に現れはじめるだろう。「星」という理想に向かって進んでいく純粋な向上心やロマンチックな感受性、あるいは、ほかの価値観とも折り合っていけるような受容性を意味するものでもある。川に水を惜しげなく注ぎ込む様子から、無償の愛を暗示することもある。また、「星」のカードであるからには、占星術などからインスピレーションが得られることもあるだろう。

人物としては、純粋な気持ちの若い男女、占星術家などを暗示する。

18・・月

不可解な夢想やファンタジーの領域

月（上ウェイト＝スミス版、右下ヴィスコンティ・スフォルザ版、左下ド・エステ版）

天空に大きな月が浮かぶ。そこには月の女神らしき顔が見て取れ、月光は雫のようになって下界に降り注ぐ。地上では狼あるいは犬が月に吠え、沼からザリガニが這い出す……。なんとも不気味な絵柄である。マルセイユ版やウェイト＝スミス版などの広く流通しているデッキでは、「月」はほぼこの構図をとっている。死神や悪魔と並び、タロットの妖しい魅力を演出するのにもってこいの札であろう。

だが、この「月」の構図は、大アルカナのなかでも「星」と並んで図像学的には最も深い謎をはらんでいる。大アルカナの多くはルネサンス期に流布していた寓意像にルーツを求めることができるのだが、このデザインはそういったものが見当たらず、「星」と同じように、タロット固有の構図のように見えるのだ。月に吠える犬は、狩人を表象する月の女神ディアナの眷属《けんぞく》であるし、またザリガニは、占星術において月を守護星とする蟹座のシンボルであるから、個々のモチーフの関連性に無理はないのだが、この構図がどこから出てきたのかが謎なのだ。これはひとつ前の「星」と同じような現象だ。

一五世紀のカーリー・イェールシートには、現在の「月」と同じ構図が見られるが、当時はこれが一般的なものだったといえるわけではない。

現存する最も初期のデッキのひとつとされるヴィスコンティ版の「月」を見ると、ひとりの女性が絶壁に立ち、右手には三日月を、左手には弓とおぼしき物を持っている。デザインとしては、同じ版の「星」とそっくりである。これが月や星を擬人化したものであることはほぼ間違いなく、女性が手にする弓は、月の女神であるアルテミスの象徴であろう。ただし、よく見るとこの弓は壊れている。月の女神の敗北を表すようだが、これは次にくる「太陽」に対しての敗北を意味するのかもしれない。

なお、一五世紀のほかのカードでは、月を観測する天文学者（占星術家）が描かれたものなども見ることができる（グランゴヌール版やド・エステ版など）。一六世紀初頭のローゼンヴァルド・コレクションにあるシートの「月」は、画面いっぱいに月が描かれているだけというシンプルなものである。面白いのは、一七世紀のジャック・ヴィーヴィルのタロットで、月の下に糸巻き車を持った女性が描かれることだ。西洋の民話では、糸巻き車は運命の糸を紡ぎ出すことの象徴で、往々にして魔女の所有物でもあった。月は運命の支配者であり、また、糸巻きという女性的な家事とつながるということだろう。

「月」のカードの図像学的な由来の詳細は不明なのであるから、ここでは自由に連想の翼を広げていこう。シンボルが持つ意味を拡充してゆく方法である。

月の光の世界は、夜の世界である。まばゆい太陽の世界とは異なる。

心理学的には、太陽は明るい意識の象徴だが、月は無意識の象徴である。また、沼や水辺は、意識（陸地）と無意識（水中）との境界領域を示す。それは明晰な合理性の領域ではなく、不可解な夢想やファンタジーの領域なのである。
一般的に「月」の札には、幻想や妄想、非現実的な思考、欺瞞《ぎまん》といったネガティブな意味が与えられることが多いが、これは理性からすると、曖昧で頼りにならない意識のモードであるということだろう。しかし、人はすべてを「割り切って」考えることができるわけではない。ロマンチックな想像力、身体的・生理的な反応などもまた「月」の支配下にあるのではないだろうか。

【リーディングのヒント】

「月」は、不安、裏切り、曖昧な状況、欺瞞、幻想、幻滅などを示すとされている。合理的な思考はできなくなり、非合理的で無意識的な心の動きが生じる。現実こそすべてだと思っている人にとっては不安な状況が生まれるかもしれない。誤った情報やスキャンダルに振り回されることもある。また、気まぐれによって状況が左右されがちである。あるいは、日常的・合理的な視点のみではとらえられなかったもの、たとえば相手や自分が隠していた秘密や、言葉にならない思いなどが表面化してくる。
また、何事においても、快か不快かといった生理的な感覚が重視される傾向がある。

19‥太陽

生きる喜びと
内なる自信

太陽（上ウェイト＝スミス版、右下マルセイユ版、左下ド・エステ版）

「星」「月」と続く天体シリーズは「太陽」で締めくくられる。あたかも弱い光がだんだんと明るくなり、ついにはまばゆい昼間を迎えるかのようだ。

現在流布しているマルセイユ版やウェイト＝スミス版では、ともに画面上に大きな太陽があり、その下に子供が描かれている。ただ、マルセイユ版系のデッキでは、城壁の中にふたりの子供がいるが、ウェイト版では馬に乗ったひとりの子供という違いがある。

太陽と子供という取り合わせは、占星術の立場から説明できる。太陽は、占星術では獅子座の支配星であり、獅子座は黄道一二宮の五番目に位置する。そして伝統的な占星術では、五番目のハウス（占星術上の概念。太陽の動きを基準に、地球上のある観測地点から黄道を一二分割したもの）は「子供運」を司っているのだ。一六世紀のホロスコープを描く木版画には、五番目のハウスに双子とおぼしき子供が描かれている。これはマルセイユ版系の「太陽」に見るふたりの子供とよく似ている。

太陽の下に子供がいるという構図は、一五世紀のシートにもすでに見ることができる（残念ながら半分が破損しているので全体像は見えない）。また、「月」「星」と同じく、「太陽」にもたくさんのバリエーションがあった。たとえばヴィスコンティ版では、ほとんど裸の童子が雲に乗って空中に浮かび、太陽を頭上に抱えている様子が描かれている。

興味深いのは、ド・エステ版と呼ばれるもので、そこには古代の哲学者ディオゲネスの逸話が描かれている。ディオゲネスは、清貧を旨とする生き方をしていた求道者であり、自分の財産を持たないために樽のなかで暮らしていた。そこへ、ときの支配者であるアレキサンダー大王が訪ねてきた。アレキサンダーは、この哲学者に何か望むことはないか、と尋ねた。すると、「ああ、そこをちょっとどいてくれないか。太陽の光が当たらないんだ」と答えたという。ド・エステ版のタロットには、樽の中の哲学者と、その前に立つ王の様子が描かれている。

このような歴史的な逸話を描いたものもあるかと思えば、ローゼンヴァルドのシートのように、カードの中央にただ太陽が描かれているだけ、というものもある。さらに、ミンキアーテ版では、太陽の下で恋人が語り合う様子が描かれている。「太陽」のカードのイメージには、実にさまざまなものが見られるわけであるが、そこには「太陽」が登場するということ以外には共通の要素はないように思われる。

そこで、タロットを占いに使うには、「太陽」そのもののイメージを広げていくことが必要になる。あくまで一例だが僕はこのように考える。

ひとつには、太陽はまぎれもなく、輝く生命力の象徴である。地上の生命は、太陽なくしては存在できない。そして、タロットに描かれた子供に象徴されるエネルギーは、無邪気な生命の喜びを暗示するものだといえる。

心理学的な占星術では、太陽は自己表現の欲求を司る。太陽は、自ら輝き、自らが存在し、自らを表現することの喜びを精一杯味わおうとする。太陽は内なる自信であり、存在の喜びであり、プライドである。太陽のカードに描かれた子供の像は、そんな明るいイメージをストレートに語っている。しかし、何事にも裏の面はあるもので、太陽はまた、強すぎる自意識や尊大さ、虚栄心などにつながる危険もありそうだ。

【リーディングのヒント】

万物に生命を与える「太陽」は、つねに輝き続ける力を象徴し、生きる喜びや幸せを暗示する。自分をのびのびと表現し、創造性を発揮する充実感を表すものでもある。天の高みに輝く様子から、他者からの賞賛や認知、名誉の獲得、物事がオープンになることなどを示すこともある。また、子供のように純粋無垢であること、健やかで開放的な気持ちになることを暗示する。さらに太陽は、使命感の象徴でもある。これこそが自分に与えられた天命だ、という感覚が与えられるかもしれない。たとえば天職といえる仕事にめぐりあう、自分が目指すべき到達点などを自覚するなどだ。

半面、見栄、尊大な態度、自意識過剰などを暗示することもある。

人物としては、子供、父親、健やかで陽気な人などを示す。

20‥審判

過去の体験が
人生を再創造する

審判（上ウェイト＝スミス版、右下ヴィスコンティ・スフォルザ版）

ロレンツォ・モナコ『最後の審判』（1406〜07年、メトロポリタン美術館）

構図のバリエーションが多く、その由来もはっきりしない「塔」「星」「月」などと比べると、このカードの正体は明確だ。天使がラッパを吹き鳴らし、その下で墓から人々が立ち上がるシーンは、間違いなく「最後の審判」を描いたものである。「審判」のほかに「天使」などの呼称もあったことがわかっているが、いずれにしても一五世紀以来、このカードの構図は大きくは変化していない。

キリスト教には、この世にはいつか終末が来て、キリストが再臨するという信仰がある。そのときには死者たちがすべて蘇り、生きている者と同じように神の審判を受けて、天国へ行くか、あるいは地獄へ落ちるかを決定される、というのである。

キリストが再臨するときには、それまで善行を積んだ者のために、幸福な時代が千年続くという。これがいわゆる千年王国思想である。

タロットの「天使」あるいは「審判」は、明らかに「最後の審判」における死者の蘇りを描いている。ここで「天使」が強調されるのも、驚くべきことではない。天使は最後の審判に際して、そのときが訪れたことを告げるという重要な役割を果たしているのである。聖書では、キリストがこのように述べたと語っている。

「大いなる喇叭《らっぱ》の音とともに御使いたちをつかわして、天のはてからはてに至るまで四方からその選民たちを呼び集めるであろう」(「マタイ福音書」第24章31節)

この記述から、最後の審判の絵画表現においては、ラッパを吹く天使は必要不可欠のものとなっている。また、ご存じの方も多いと思うが、天使とラッパは「黙示録」にも登場して、終末のときを予告する。

ヴィスコンティ版では、ふたりの天使がいて、ラッパを吹き鳴らしている。このラッパは途中から管がふたつに分かれたものであり、天使たちはふたりでひとつのラッパを吹き鳴らしていることがわかる。

また、ふたりの天使の中央には、再臨したキリストとおぼしき白い髭の王が描かれている。このキリスト像については、次の「世界」のカードのなかで再び語ることにする。

この「審判」を、身近な占いの場に取り入れると、どうなるだろうか。

現代の通俗的な占い書では、死者の復活からの連想であろうが、「復活愛」「過去の失敗からの蘇り」といった暗示として読み解かれることが多い。

だが、僕としては、そこからもう一歩、解釈を深めることも可能だと思う。復活の前、人は死者として墓の中にいた。それは過去にあった辛い経験や、消化しきれず意識に統合されなかった心的内容であると解釈できよう。たとえば、別れた恋人の面影、徒労に終わった体験、悲しみなどだ。しかし、あるとき突然、そうしたものがにわかに意味を帯び、統合されたかたちで見えてくることがある。その瞬間、人生に光が差し込む。やり残したことに再チャレンジする気力が湧いたり、「ああ、そうか」と得心したりするわけだ。
そのとき、人は人生を単に修復するのではなく、「再創造」しているのではないだろうか。表面的には過去の恋人とよりを戻しただけかもしれないが、その人の中では、恋人と新たに出会い直し、かつてとは異なる深い関係が生まれているはずだ。このような内的再生のプロセスをこの札は示すと、僕は解釈したい。

【リーディングのヒント】

「審判」が表すのは、新たな洞察やインスピレーションによって、わずかな可能性でしかなかったものや、過去に葬り去られたものが、新たなかたちで目の前に現れるということだ。ラッパを吹き鳴らして「最後の審判」の始まりを告げる天使や、墓から蘇る人々は、そのことを象徴的に示している。
このカードが出たら、過去の状況に対して新しい気持ちで立ち向かえるようになるだろう。ひとつのサイクルが終わり、新しい状況が生まれてくるのである。また、過去の状況から大いに学ぶことができる。あるいは、ひらめきを得て、今の状況を新しい目で見ることができるようになる。たとえば対人面では、何かと確執のあった相手を新しい目で見られるようになって関係が好転する、など。

21・・世界

調和と統合を暗示する「マンダラ」

世界（上ウェイト＝スミス版、右下ヴィスコンティ・スフォルザ版）

ユングの描いたマンダラ像

タロットの切り札（大アルカナ）はここでついにクライマックスを迎える。最後の位置に置かれた「世界」を見てゆこう。

図像の歴史をたどると、このカードの構図には、おおむねふたつのパターンがあるように思われる。現在最も普及しているのは、マルセイユ版に代表されるパターンであろう。ウェイト＝スミス版もこれを踏襲している。

草の葉でできたかのようなアーモンド形の囲いの中で、ひとりの人物が踊るように立っている。この人物はほとんど裸で、細い帯のようなもので局部を隠しているのみ。版によっては乳房があらわになっているので、女性だとわかる。カードの四隅には、天使、牡牛、獅子、鷲が描かれている。これは新約聖書の福音書記者たちを象徴するとされ、マタイが天使（人）、ルカが牡牛、マルコが獅子、ヨハネが鷲にあてられている。

中央の女性の解説は難しいが、おそらく元来は、最後の審判の後に再来する、勝利のキリストだったのではないか。実際、ジャック・ヴィーヴィル版など、中央の人物を男性として描くものもあるのだ。なぜこのキリストが女性に変容したのかはっきりしないが、完全な存在であるキリストは両性具有であるべきだと解釈されたとか、あるいは、運命の女神の像と混同されたといった説が見られる。

もうひとつの流れは、円ないし球体に囲まれた「世界」（城や都市として描かれることが多い）を人物が支えるか、その上に立つというものだ。

ヴィスコンティ版では、ふたりの童子形の天使（プットー）が球を支え、その球の内部にある海の中または山の上に城がそびえている。また、ほぼ同時代に製作されたと考えられる手描きのカーリー・イェール版では、画面の上半分にラッパと宝珠を手にした巨大な女性が描かれ、アーチ形で区切られた下半分には下界の様子が描かれている。そこには、運河を行く船、いくつかの城、旗をたなびかせた騎士などを見ることができる。

ペトラルカの詩『凱旋』では、愛から始まったシリーズの最後は「永遠」で飾られる（これはタロットの「世界」に対応すると考えられる）のだが、これについては、ルネサンス期の支配者たちが、自分たちの都市国家を「永遠」のものにしようとしたのではないか。

あるいは「最後の審判」の後に続くカードであることを考えれば、黙示録において最後の審判の後に降臨するという「新しいエルサレム」ということになるかもしれない。

ユング心理学の象徴解釈を援用すれば、方形と円形からなるこうした図は「マンダラ」ということになろう。マンダラとはもちろん、本来は仏の世界を表す仏教用語だが、ユングによれば、それは特定の宗教に依拠せずとも、無意識の中から自然に生まれてくるものだ。構造としては、円と十字を基本とすることが多い。そして、マンダラという元型は、バランスを崩していた心が調和を取り戻すときに生まれてくるという。ユング自身も何枚ものマンダラを描いている。

こうしてみると「世界」のカードは、欠けていたもの、あるいは見失われていたものが復活し、統合され、新しい秩序が生まれたことを示すように思われる。

占いの場で「成就」「完成」などを表す最高のカードとして扱われることが多いのは、心の中で起こっているさまざまな事象が統合され、バランスを回復したことと関係があるのだろう。そして、完成は同時に始まりでもある。ここでタロットの円環は完結するが、それは終わりではない。次のステージに向けて、新たな運命の輪が回り始めるのだ。

【リーディングのヒント】

「世界」は、完璧な調和やバランスを暗示する。一般的には、大アルカナのなかで最強にして最良のカードだといわれている。大アルカナの最後に位置することから、さまざまな物事が最終的な局面に達しつつあることを示す。たとえば、目標の達成、勝利、生きる喜びの享受など。一方で、自己満足の中にとどまってしまう可能性をも示している。仕事の場であれば、いろいろなスキルを身につけ、与えられた課題をうまくこなせるようになっても、それで終わりではない。次の目標を見つける段階にきたということでもある。

人物としては、バランスのとれた人、さまざまなことを達成した人などを示す。

小アルカナの意味と解釈のコツ

二二枚の切り札（大アルカナ）をひととおり見てきたところで、五六枚の数札（小アルカナ）に移ろう。

五六枚の構造を改めて見てみると、「棒」「杯」「剣」「金貨」という四つのスートがある。この四つは、タロットおよびトランプの先祖に当たるイスラム系の「マムルーク・カード」から継承されたものだと考えられている。それぞれのスートは一四枚のカードから成る。一四枚の内訳は、A（1）から10までの数札と、四枚の人物札（ペイジ、ナイト、クイーン、キング）である。元来、このカードはゲーム用だったので、占いやリーディング用の意味が付与されていたわけではない。事情は大アルカナも同じなのだが、「力」や「愛」といった抽象概念を寓意画とした札は、まだ意味を連想しやすい。それに対し、棒や杯といった記号と数字の組み合わせである数札に具体的な意味を配当するのは困難だ。

実際、著者によって小アルカナの意味は大きく異なり、矛盾するものもある。たとえば棒の10を一八世紀末のエテイヤは「虚偽、偽物、裏切り、陰謀」などと言い、「黄金の夜明け団」のマサースは一般向けの入門書で「自信、安全、名誉」とする。現在の主流のタロット本ではこの札を「重圧、負担、圧迫」としているからまったく異なるのだ。ただ、エテイヤ、マサース、ウェイトらの小アルカナの意味解釈を比較してみるとかなり一貫性もみられるのは確かで、おそらく一九世紀に普及していた世俗的カード占いの伝統がタロットに持ち込まれ、それが踏襲されていったというのが実情であろう。

現在のタロット解釈に決定的な影響を与えた「黄金の夜明け団」では、カバラの宇宙図「生命の樹」(第二章78ページ参照)にタロットを配当し、そこからタロットの意味を引き出している。この世界を形づくる火、水、風、地の四つのエレメント(カバラの四つの世界にも対応)と、生命の樹を構成する一〇の天球に小アルカナを配当した。

この世界観をベースに、現在のタロットの使い手たちは、次のような解釈の枠組みを採用している(次ページの表参照)。まず小アルカナのスートは四大エレメントに配当する。エレメントとは、この世界を構成する火、水、風、地という四つの元素だ。古代ギリシアの哲学者エンペドクレスやアリストテレスらがこの説を提唱し、西欧では一八世紀頃まで支持されていた。四大エレメントにはそれぞれ意味があり、それがスートの特性となる。たとえば、「棒」のスートは、「火」の性質を持ち、「情熱、力」などの意味がある。

また、数札は、カバラの「生命の樹」の天球の番号、ひいては数秘術の1から10に対応している。数秘術とは、数に深遠な意味が宿ると考え、数によって事物の本性などを解明しようとする占術である。その理論は、宇宙の秩序は数理によって成立していると唱えたピタゴラス学派の哲学や、カバラの教義にもとづくものだ。

◆四つのスートと四大エレメントとの対応

スート	エレメント	意味	スートとエレメントとの関係性
棒	火	情熱 力 意志	「棒」は、指揮する道具のイメージもあり、明確な意志を持って外界へ発せられるエネルギーを意味する。棒に火をともすと「松明」となることから、四大エレメントのなかで情熱や力などを意味する「火」に結びつけられた。火のエネルギーが過剰になったり、その使い方を誤ったりすると、暴走、争い、攻撃性、焦燥感といった意味を帯びる。
杯	水	愛情 感情 優しさ	「杯」は、西洋の伝統では、イエスの血を受けた「聖杯」を意味する。血の容器である心臓（ハート）と結びつけられ、ハートから生まれる愛情や感情を表すシンボルとなった。「杯」が液体（水）の器であること、また、愛情や感情が液体のように流動的で人の心を潤すものであることから、四大エレメントの「水」に対応する。
剣	風	知性 思考 分断	「剣」は、対象を「切り分ける」ものであり、これを正しく振るうためには冷静さや判断力が求められる。そのため、四大エレメントのうち知性や思考を意味する「風」に結びつけられた。物事を分断することや、冷たさ、非情さといった意味がクローズアップされる場合もある。また、剣が起こす剣風も、風との結びつきを示す。
金貨	地	物質 現実 五感	「金貨」とは物質的な豊かさであり、現実を味わい、楽しむための対価である。そのため、四大エレメントのなかで物質、現実、五感（現実を味わうための感覚）などを意味する「地」に結びつけられた。現実の世界で、地に足を着けて生きていくために必要な物のシンボルであり、そうした物とのかかわり方を表すものでもある。

注：流派によっては棒を風、剣を火に配当するものもある。この表では、「黄金の夜明け」団の流れによった

◆数札と天球の対応、数秘術的な意味

数札	天球	数秘術の意味
A（1）	ケテル（王冠）	物事の始まりであり根源。各スートに象徴されるエネルギーが、まさにほとばしろうとしていることを示す。
2	コクマー（知恵）	最初の分化、二元性、バランスを意味する。1が2になることで対立や共存、調和、客観性などの概念が生まれる。
3	ビナー（理解）	1と2が結合して、新たな物事や局面が生まれた状態。男性性と女性性の結びつき、創造性、統合、最初の成功などを意味する。
4	ケセド（慈悲）	安定した基盤。3で生まれた新たな物事や局面が、いっそう明確なかたちを獲得して安定する。世界のバランスを象徴する数でもある。
5	ゲブラー（峻厳）	安定の破壊。ときに思わぬなりゆきで激しい出来事が発生し、停滞した状態を打ち破ろうとする。それに伴う葛藤や戦いをも意味する。
6	ティファレト（美と調和）	調和。5で破壊され、アンバランスになった状態が、ふたたびバランスの取れた状態へと向かう。格差の是正を意味することもある。
7	ネツァク（勝利）	6で獲得した調和が、新たな気づきにより破られる。現状を見直し、さらなるアクションを起こそうとする。
8	ホド（栄光）	8が4の倍数であることから、新たな基盤の獲得。しかし、そのためには何かを手放さねばならない（死と再生）。
9	イェソド（基礎）	完成あるいは結論へと向かう動き。成熟の一歩手前。善くも悪くも、最終的な局面を迎えるための準備が整っていく。
10	マルクト（王国）	終焉、完結、成就、新しいサイクルへの準備。A（1）から始まったサイクルが終わり、次の段階を迎える。

これらを総合して数札は解読される。たとえば「金貨の2」であれば、「金貨」のエレメントは「地」で「物質、現実」などを意味し、「2」は「二元のバランス、最初の分化」だから、「ふたつに増えた仕事をバランスよくこなしていく」などと読むことができる。

そして人物札だが、これについては人物ないしは状態を意味し、それぞれのスートの意味と掛け合わせていくのである。たとえば「知性・思考」の意味を持つスート、「剣」で考えてみよう。「剣のペイジ」なら、「怜悧《れいり》だがまだ若く、現場での経験が乏しい人物」などと解釈できる。「剣のナイト」なら「多少冷たいところはあるが、知性と行動力をともに備えた青年」、「剣のクイーン」なら「落ち着いた雰囲気で、才気にあふれる大人の女性」、「剣のキング」なら「鋭い知性と威厳を感じさせる大人の男性」といったところだろうか。

また、人物札については、それがだれを指すか、あるいは何を指すかという点で、三つの可能性がある。その三つとは、次のものだ。

一、相談者が出会う人物や、問題の鍵を握る人物。
二、相談者の性格。
三、そのときの状態。

たとえば「棒のクイーン」が出たとすると、次のような解釈が可能となる。

一、相談者は、情熱的な大人の女性と出会う。または、情熱的な大人の女性が問題の鍵を握っている。

二、相談者は、情熱と安定感をともに備えた大人の女性である。

三、そのときの状態は、情熱と活気にあふれながらも危なげがなく、安定している。

これら三つのうち、どの意味を汲み取るかについては、やはりその場の直感が頼りとなる。あるいは、このうちの二つ、または三つすべてが当てはまることもあり得る。そのときの状況に照らし合わせてみるとよいだろう。

ただ、大アルカナと同様、カードの解釈に唯一の正解というものはない。その場のひらめきと想像力を駆使して、各人が最適な答えを導いていただきたい。とくにウェイト版については、天才画家パメラ・コールマン・スミスが、想像力を大いに刺激するような絵を描いている。数そのものやエレメントなどの意味を踏まえつつ、パメラのシンボリックな絵から得たインスピレーションを活用して解読を試みると面白いだろう。

以上が、小アルカナ解読のポイントである。駆け足で説明したが、なんとなく理解していただけただろうか。あとは、「習うより慣れろ」である。

次ページからは、ごく短いものではあるが、五六枚の小アルカナについて「鏡流」の解釈を述べていく。解読のヒントにしていただければ幸いだ。なお、掲載したカードは、ウエイト版である。

棒

火のエレメント　「情熱、力、意志」という意味

棒のA

新たなエネルギーがほとばしろうとしている。情熱を持って物事を始めるのによい。また、そのための力がすでに得られている。健やかな生命力そのものの象徴。策を弄するより、まっすぐにぶつかっていこうとする姿勢を暗示するものでもある。

棒の2

情熱的に、あるいはパワフルに動き出そうとする一方で、それを阻むような力が働いている。あるタロット実践家によれば、「安全と冒険の間の選択」を意味するという。現在と未来との間で生じた葛藤を、どのようにクリアしていくかが課題だ。

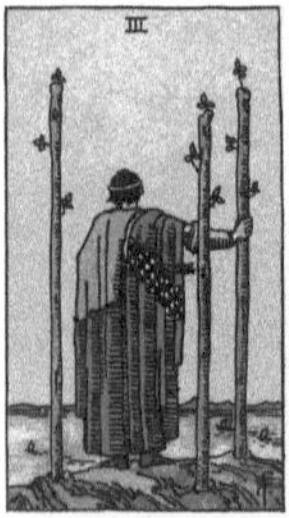

棒の3

最初の成功、最初の収穫を意味する。やるべきことはまだまだたくさんあるが、ひとまず結果が出せたという状態。とくにビジネスなどについては幸運を示すカードである。これから続く多くの成果の、最初のひとつをしっかり手にしよう。

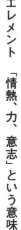

棒の4

ともに喜び、ともに祝うことを意味する。熱意をもって取り組んできたことが実を結び、自分だけでなく、多くの人を喜ばせるのかもしれない。もしくは、だれかとともに何かを祝うことを示す。ときに、神の祝福である結婚を表すこともある。

棒の5

これまでの安定した状況が破綻し、さまざまな衝突が起こる可能性を暗示する。ただ、そうした衝突の中から新しい状況が生まれていくだろう。棒を手に戦う男たちはエネルギーに満ちている。それを現状打破と未来の開拓に活かしていくことが大切だ。

棒の6

自分が属している集団から頭ひとつ抜け出し、リーダーとして実力を発揮していく暗示である。しかし、それは同時に、ほかの人々との間に何らかの格差が生じることを意味する。そのことに敏感にならなければ、苦しい展開を迎える可能性がある。

棒の7

少し高い位置に立つ男性が、ほかの棒に応戦している。ステイタスを得ると、その瞬間、挑戦者から防衛者に転じることを表す。絵をよく見れば、足場もよくない。ある種の緊張感と覚悟を持って物事に臨むことで、防衛が可能となるだろう。

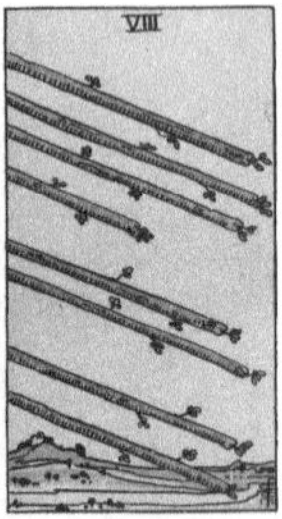

棒の8

停滞していた状況が、急速に動き出す暗示。棒が左上に向かって飛んでいると見えるなら、より高い目標などを目指して進む時期。右下に飛んでいると見えるなら、物事が着地しつつあることを示す。いずれにせよ、速いスピードで状況が変化する。

棒の9

柵のように立ち並ぶ棒の手前で、棒を手にした男が、緊張した様子で周囲をうかがっている。緊張に満ちた状況に対処する勇気が求められていること、少なくとも今は防衛的な状況にあること、また、内面のパワーが暴発寸前であることなどを意味する。

棒の10

10本の棒を抱えた男が重そうな様子で歩いている。何らかの重圧を抱えている暗示だが、遠景の城は、意志を強く持って前進し続ければ目標が達成できることを告げている。また、苦労が大きいほど、成果も大きくなることを意味する。

棒のペイジ

人物像としては、好奇心や熱意に富む若者を示す。ただし、まだ経験も思慮も浅いため、年長者のサポートが必要かもしれない。状況としては、好奇心が刺激され、何かに熱中するきっかけを得る。胸躍る冒険に乗り出すチャンスが与えられる。

棒のナイト

人物像としては、自信にあふれ、勇気と情熱を備えた男性。率直で野心的でもある。状況としては、困難を恐れず、明確なヴィジョンを持って進むことを暗示する。一方で、自信過剰になったり、猪突猛進したりといった危険も潜んでいる。

棒のクイーン

人物像としては、誇り高く情熱的で、魅力的な大人の女性。彼女は、自分の力を自覚し、自信に満ちて快活で、リーダーシップも備えている。状況としては、何事にも前向きに取り組める暗示。安定した情熱を維持することができるだろう。

棒のキング

人物像としては、パワフルで行動力にあふれた自信家の男性。向上心を失わず、常に独創性を打ち出し、新しい世界を求める。状況としては、目標に向かって果敢に行動する暗示。揺るぎない自信を持ち、リスクをものともせずに勝利をつかむ。

杯

水のエレメント　「愛情、感情、優しさ」という意味

杯のA

純粋な心のエネルギーが動き始めている。何かに純粋に憧れ、惹きつけられることを示すともいえる。また、そうした純粋な思いから発した物事が、スムーズに流れに乗り、進んでいくことを暗示する。恋愛なら、最初の胸の高鳴りを感じる時期だ。

杯の2

双方が強く惹かれあい、何らかの関係性が始まりつつあることを示している。しかし、そこには対立的な要素や緊張感も見られる。相手と自分を比較して優劣を競ったり、相違点を探したりといった心の動きがあるのかもしれない。

杯の3

出会ったときの緊張感から解放され、関係が一歩進展して、穏やかでしっかりとした結びつきとなっていく。恋愛なら、二人だけの関係を脱し、家族や関係者に紹介する時期だろう。結婚や妊娠など、新たな関係性が生まれることを意味する場合もありそうだ。

杯の4

絵を見ると、四つ目の杯に手が伸びていない。「もうたくさん」または「手一杯」なのである。新しい可能性があっても手を伸ばすことができないか、食指が動かないことを暗示する。物事に飽きることや、安定に慣れることの怖さを暗示しているとも読める。

杯の5

三つの杯が倒れ、愛情や感情を象徴する水がこぼれてしまっている。一度は手に入れたはずのものを失い、悲しみに包まれる暗示だ。しかし、まだ杯は二つ残っており、すべてが失われたわけではないことを物語っている。心の中の水＝愛情や感情は、そう簡単に涸《か》れはしない。

杯の6

年長の子供が年下の子供に、花が生けられた杯を渡している。シンプルな善意を持つこと、純粋で無垢であること、幼い時代に思いを馳せることなどを表す。一方で、子供の時代に象徴される過去にとらわれることや、子供のように自立できないことを暗示することもある。

杯の7

幻想の雲の上に載った七つの奇妙な杯と、それに驚嘆する人物。これは、自分が作り出したヴィジョンなどに幻惑されている可能性を暗示する。冷静で客観的な視点を持ったほうがよいというメッセージだ。一方で、イマジネーションの豊かさを楽しむという意味でもある。

杯の8

積み上がった杯を残して去る人物は、これまでしてきた物事を手放し、次のステップへ移行するときが来たことを表す。このカードが出たときは、もう充分にやりとげたと思いながらも、それゆえに手放しがたくなっていることはないか、自分をふり返ってみよう。

杯の9

ズラリと並ぶ杯の前で満足そうにしている男は、物質的・金銭的な成功を示す。一般にこのカードは「ウィッシュカード」といわれ、願いが叶う暗示とされる。だが、物質的成功を求めるあまり、精神的な成長をなおざりにしてはいないか、自省が必要かもしれない。

杯の10

虹のように並ぶ杯の下で、男女が互いの背に手を回し、子供が踊っている。大きな幸福を示すカードである。愛するパートナーや子供たちと成功を分かち合い、ともに喜ぶことができる。物質的な成功に加え、精神的な面でも大きな満足が得られるだろう。その喜びを素直に享受するとよい。

杯のペイジ

人物像としては、感受性の豊かな優しい若者。あるいは、年齢に関係なく、そのような若々しさを備えた人物。状況としては、優しい感情や豊かな愛情を呼び覚まされるような出来事が起こる暗示。未体験の喜びや傷つきやすい完成なども暗示する。

杯のナイト

人物像としては、ロマンチストで想像力があり、感情の豊かな男性。もしかしたら空想癖があるかもしれない。状況としては、詩人のような感性が求められているが、その世界に埋没してしまうと現実を見失う危険性がある。現実的な視点をバランスよく取り入れよう。

杯のクイーン

人物像としては、こまやかな気配りができ、優しさと包容力のある大人の女性。母親や母性の象徴でもある。状況としては、身近な人たちへの優しい言葉や穏やかな態度がよい結果を招く。このカードが出たときは、第六感が働きやすくなっているので、ひらめきを大切にしよう。

杯のキング

人物像としては、愛情と優しさに満ち、リーダーシップのある男性。他者を思いやり、共感的な態度で接する。状況としては、他者への理解と寛大さを発揮するときである。よきカウンセラーあるいはアドバイザーになれることを意味するカードでもある。

剣

風のエレメント「知性、思考、分断」という意味

剣のA

自分と他者との境界線を明確にして、客観的な視点を持ち始める。他人に甘えていた人は、自分の足で歩き始めよう。また、そのための強さを得たことを意味する。冷静で明晰な思考が芽生える時期。あるいは、正義と公正さを求め始めたことを表す。

剣の2

知性を働かせて判断を下そうとするものの、その重大さにためらいを感じている。緊張感をはらんだ状況のなか、冷静になるために、自分の世界に引きこもろうとしている。今は動くときではない。自分自身に立ち返り、ベストな判断を模索しよう。

剣の3

別れと分離の悲しみと不安を象徴する。仏教用語でいえば愛別離苦（パートナーや家族など、愛する人と生別・死別する苦しみ）を表すカードだ。同時に、それを受け入れ、乗り越えていくことで、ひとりの人間として自立し、成長することをも表している。

剣の4

絶え間なく動き回る思考をいったん休止させ、内面的な静けさに浸るという暗示である。背景に見える「教会」は、心の中の聖域を表しているとも読める。知性という剣をふるうときではない。心身を静かな状態へと導いていこう。

剣の5

剣を拾い上げて冷ややかに笑う男と、剣を奪われて力なく立ち去る男。どちらに自分を見るかで、解釈が異なるだろう。ともあれ、この世には力の不均衡が存在する。その意味では、自分の力量を見きわめて行動することの大切さを告げるカードである。

剣の6

ウェイトは、この札に「船の旅」という意味をあてている。それは実際の旅であると同時に、知的な旅、つまり視野を拡大し、思考のパターンを変革していく暗示だ。新しい価値観への移行や、理解不能だった相手への理解が生まれるなどの出来事が起こるかもしれない。

剣の7

経験や知識を大急ぎで吸収することの、プラス面とマイナス面を表す。あるいは、狡猾さを発揮して何かを得たときの代償を暗示するとも読める。利益を得るときのスピード感と、そのメリット・デメリットについて考えてみる時期かもしれない。

剣の8

目隠しされた女性は、剣に囲まれて身動きが取れない。自分の置かれた状況が見えず、どの方向にも危険が感じられることを表す。多少の動きはできるものの、どの方向も危険であるため動けないという葛藤や、自分の無力感を暗示する一方、それを克服することで新たな道が開けることを告げる。

剣の9

悲嘆にくれる人物に、のしかかるかのように剣が掲げられている。しかし、清潔で立派なベッドを見ると、どん底というまでの暗い印象はない。つまり、自分で思うほど悪い状況ではないようだ。辛い時期かもしれないが、暗い気持ちを増大させないようにすることが重要である。

剣の10

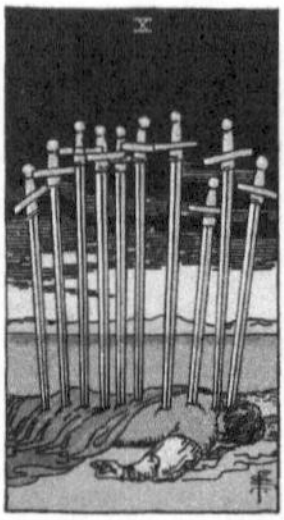

物事の終わりや敗北を表すカードだが、そこから立ち上がり、生き直すことをも暗示する。アイデアや知性（剣）が現実化するとき（肉体）、ある意味で知性は役割を終えて殺される。現実の世界で形を得れば、いずれは消滅するのが世の習いであるからだ。

剣のペイジ

人物像としては、斬新な視点と先見の明を備えた聡明な若者。頭でっかちで皮肉っぽい一面があるかもしれない。状況としては、旧態依然のやり方を見直し、新たな視点を取り入れるとき。知的な興奮を味わい、世界を広げていく時期でもある。

剣のナイト

人物像としては、論理と理性を重視する活動的な男性。感情に左右されることなく的確な判断を下し、先陣を切って行動する。状況としては、鋭い洞察力を活かして先手必勝を狙えるとき。相手を見下した態度にならないように注意するとよい。

剣のクイーン

人物像としては、さまざまな経験を重ね、そこから多くを学んだ大人の女性。強さと鋭い知性を秘めている。状況としては、感情に流されず、客観的に自己を見つめ、的確な判断を下すとき。ただ、ユーモアの精神を忘れないほうがよい。

剣のキング

人物像としては、豊かな知性と決断力があり、カリスマ性を備えた男性。非常に公正だが、ときに冷たさが感じられるかもしれない。状況としては、物事を論理的に分析しながら前進していくとき。正論が通るが、強硬な姿勢にならないよう注意を。

金貨

地のエレメント 「物質、現実、五感」という意味

金貨のA

形あるものをつくろうとするエネルギーが動き始める。自分の体、仕事、お金など、現実の世界を動かしていく事柄と、新しい姿勢で向き合う必要が生じる。新しい仕事を得るのかもしれないし、生活習慣などを改め、自分の体をより健康にするような生き方を始めるのかもしれない。

金貨の2

無限大を思わせるマークは、交換することそのものの価値を表す。何らかの動きが生まれ、言葉や価値などが交換されているのではないだろうか。また、不公平が生じないよう、絶妙なバランスをとりながら相手や物事に対応していることを示す。

金貨の3

現実的・物質的なエネルギーをうまく使いこなし始めたことを意味する。仕事や勉学などの現実的な事柄について、最初の成功や成果、納得のいく結果などが得られる。最初の実は小さいかもしれないが、それを収穫したときの喜びを自分の中に刻み込めば、今後の支えになるはずだ。

金貨の4

金貨に象徴されるような物質的・現実的な成果を得て安定した状態にあること、また、それを奪われまいと防衛していることを意味する。一方で、そのように防衛するだけでは、物事は進歩しない。そのため、経済的にも精神的にも成長が見込めないことを暗示している。

金貨の5

ぼろをまとった人物と、伝染病罹患者を示すベルをつけて、杖にすがって歩く人物が見える。生きることの苦しみや痛みと、その共有を表す。あえて言えば「同病相憐れむ」状態だが、それは癒やしにも毒にもなる。うまくバランスをとる必要がある。

金貨の6

天秤を持った裕福そうな人物が、貧者に施しを与えている。格差の存在と、富の公正な（天秤の象意）再分配を意味するカードだ。個人としては、有形無形のものを他者に譲る暗示。あるいは逆に、だれかに頭をたれて、何かを請うことになるのかもしれない。

金貨の7

農夫らしき男が、実った金貨を見つめている。ひとつの仕事が終わり、その成果を吟味していることを暗示する。ここにいたるまでのプロセスをふり返り、よくも悪くも相応の実りを受け入れ、次のステップに思いを馳せる段階を迎えている。

金貨の8

若い職人が金貨に彫りを入れている。微妙に不揃いの金貨は、職人の腕が未熟であるか、金貨が一点ものであることを示す。自分のスキルや独自性をじっくりと鍛え上げるときだ。日々の鍛錬や地道な積み重ねの重要性に気づかせるカードともいえる。

金貨の9

自由の象徴である鳥を手にとまらせた女性が、満足そうな様子でブドウ畑に立っている。物質的な満足や成功、物事をうまくコントロールできていることを暗示する。自立した状態で、心の安定と自由を手にしていることを意味するものでもある。

金貨の10

三世代の家族らしき人々とペットが幸せそうにしている。富や安全を示すカードだ。ただ、そのためには社会に適応し、それを維持するための責任を果たすことが求められる。また、現状を維持していくことの退屈さや変化の乏しさをも暗示している。

金貨のペイジ

人物像としては、社会人としての自覚が芽生えた若者。仕事などで最初のチャンスをつかもうとしている。状況としては、何かをオファーされたり、小さいけれど重要な機会を得たりする時期。荒削りでも、誠意のこもった仕事が求められている。

金貨のナイト

人物像としては、実際的な手腕に優れ、信頼に足る男性。スタミナがあり、長期的な視点から物事を動かしていく。状況としては、忍耐強さと手堅さによって目標が達成される時期。仕事上での旅行なども暗示されている。なお、過労に注意。

金貨のクイーン

人物像としては、賢明かつ実際的で、常識と分別を備えた女性。母性豊かで世話好きでもある。状況としては、地に足の着いた行動が、豊かな実りをもたらすとき。このカードが出たなら、蓄財にも向いた時期なので、心がけてみるとよいだろう。

金貨のキング

人物像としては、豊かな経済力や高いステイタスを持つ男性。思慮深く、責任感があり、周囲の尊敬を集める年長者や長老なども暗示する。状況としては、確かなマネージメント能力が求められるとき。うまくいけば収入アップの可能性も大。

第五章　実践・タロット占い

タロットを使う

前章でカード一枚一枚の絵柄の説明を終えたが、もちろん、それを覚えることがタロットの醍醐味ではない。この章では、タロットを使った占いのノウハウをご紹介してみたい。

タロットの楽しみ方としてはコレクション、図像の解読、ゲームなどが挙げられるが、タロットの人気を支えているのは、やはり「占い」だろう。

最初にお断りしておきたいのだが、第四章の冒頭でも述べたように、タロット占いには「こうしなければならない」という厳密なルールは存在しない。タロットが占いのツールとして用いられるようになったのは一八世紀後半である。占いのなかでは相当歴史の浅いもので、実践者や研究者によって方法も解釈もバラバラであるというのが現状だ。極論すれば、占いの手順もカードの解釈も、自分流で問題ない。また、自由にイマジネーションを飛翔させられるのが、タロット占いのもっとも面白い点だともいえるだろう。

ここでは、きわめて基本的な方法をご紹介する。イーデン・グレイをはじめとするポピュラーな占い師が紹介して一般化した、標準的な手順だ。

ただ、タロットの「占い」にはさまざまなレベルが存在する。ごくごく簡単な吉凶判断のようなもの（英語ではフォーチュンテリングと呼ばれるような占いである）から、深く深層心理に入り込み、自分でも気づかなかったような心理的な問題に光を当ててゆくという、一種のサイコロジカルなものにいたるまで、さまざまなレイヤーがあるのである。どのレベルで実践するかは、まさにその人次第ということになろう。

第四章では、歴史的な図像の系譜に加えて、僕が影響を受けたタロットの現代的な、つまり心理学的な解釈を施しておいたこともあり、タロットを用いたセルフカウンセリング、あるいは相談者とさまざまな気づきを深めるためのツールとして使っていただきたいという気持ちがあるのは確かだが、気楽な占い遊びとしてのタロットの面白さも捨てがたい。あまり真剣になりすぎずにカードと戯れることも、忙しい現代生活のなかでは楽しいのではないだろうか。

気のおけない仲間とカードを繰り、今の悩みや未来について語り合うことができれば、タロットは絶好のコミュニケーションのツールとなるだろう。あるいは、ひとり占いをするのもまた楽しい。日常的な喧騒から離れ、数百年続くカードの寓意の絵柄を観賞あるいは観照してゆくのは、それだけで一種のマインドフルな瞑想にもなるし、日頃のストレスから解放されることにもつながる。

このように経験を積んでいくうちに、自然にシンボルへの理解が深まり、「占い」の腕もレベルアップしてゆくことになるだろう。

ただし、気をつけていただきたいことがある。それは、タロットの絵柄から想像以上に強いインパクトを受けることがある、ということだ。

カードのなかには「死神」や「塔」、あるいはウェイト＝スミス系版の剣の10（体に剣が一〇本突き刺さっている）のように、恐ろしげな絵になっているものもある。健康な精神状態であれば、何ということはないのだが、悩みで不安定になっているときには、このような絵柄は思った以上に恐ろしげな印象を残すものである。自分自身を占うときも、だれかを占うときも、タロットを使うときには心に余裕を持ち、余計な恐怖心や暗い未来を断言することは避けよう。

タロットに限らず、占いは人を脅すためにあるのではなく、あくまでも楽しみや慰め、そして未来のために、人に希望を与えるためにあるのだということを心にとめておくべきであろう。

占いの手順

０カードを手に入れる

タロットを使うためには何はなくともまず、タロットカードを手に入れなければならない。もっとも簡単なのは、日本で出ているカードと解説書のセットを書店で入手するということだろう。僕も『はじめてのタロット』(ホーム社)、『ソウルフル タロット』(説話社)、翻訳書だが『神託のタロット』(原書房)などを出させていただいている。もちろん、ほかのものでもいいだろう。

本格的にタロットと向き合うなら『ウエイト=スミス版』や『マルセイユ版』のタロットデッキをまず手に入れることが必要だ。最近はネット書店などで各種カードを手に入れることができるのでとても便利だ。一方、実際にカードを見てから購入したい、という方も多いだろう。日本最大手のカード輸入会社であるニチユーが各地の書店で展開している「世界のトランプ・タロット展」は一度に多くのタロットに出合えるチャンスである。同社のホームページなどで開催予定の情報をチェックしてみてはどうだろう。むろん、海外旅行やネットオークションなどでよりレアなタロットを手に入れる楽しみもある。

ニチユー株式会社が行っている「世界のトランプ・タロット展」(紀伊國屋書店梅田本店でのイベント風景)

1場所の設定

占いは自由に楽しんでよい。だから、ホームパーティーやバーなどで気軽にやってももちろんかまわない。しかし、「それらしく」楽しむには、それなりの設営があってもよいだろう。実際、占いは古来、神聖な営みとされてきた。現代的な表現としては、自分の無意識と対話する場だと考えたい。だから、ひとり占いのときでも相手を占うときでも、静かで、だれにも邪魔されない場所を確保するのが、なお望ましい。蛍光灯の光よりもキャンドルなどの間接照明がよいだろう。テーブルの上はきれいに片づけよう。できればクロスなどを敷いておく。クロスは、絵がよく見えるよう派手な柄ではなくシックなものがよい。

2シャッフルとカット

テーブルの上にカードを裏向きに広げ、両手でかき混ぜる。七八枚のフルセットを使うのもよいが、慣れるまでは二二枚の大アルカナだけを使うのもよいだろう。かき混ぜながら、質問事項を心の中で念じること。

十分にカードが混ざったと感じたら、裏向きのままカードをひとつの山にまとめる。

次にカードを「カット」する。ひとつの山にまとめたカードを三つの山に分け、再びひとつにまとめる。このとき、分ける前とはカードの順序が変わるように配慮する。この作業をカットと呼ぶ。もし質問者がいる場合には、質問者にこの作業をさせてもよい。

この作業を終えたら、特定の順序でカードを並べる。そしてカードを開けて、自分のイマジネーションを生かしながら読んでゆく。

3カードを並べる方法

カードを特定のかたちに並べて占うことを「スプレッド（展開法）」という。最も代表的なものとしては「ヘキサグラム・スプレッド」「ケルト十字法」「ホロスコープ・スプレッド」などが挙げられる。順に説明していこう。

【ヘキサグラム・スプレッド】

ヘキサグラムとは六芒星のことだ。スプレッドのなかではポピュラーなもののひとつで、そのときに直面している具体的な問題について、いろいろな方向から占うことに向いている。

ヘキサグラム・スプレッド

1　過去の状態、問題の原因
2　現在の状況
3　未来の状況
4　環境や周囲の人々
5　無意識の望み
6　取るべき方法
7　最終結果、問題の核心

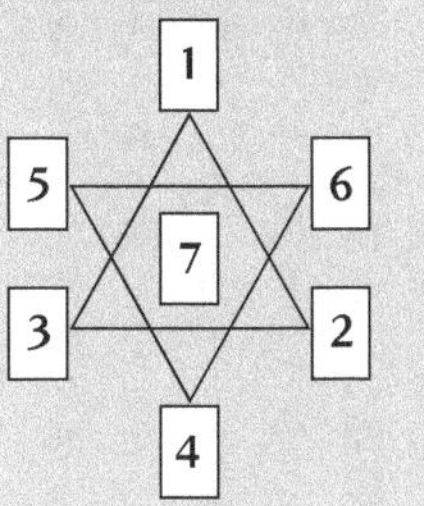

【ケルト十字法】

最も有名なスプレッドだろう。「黄金の夜明け団」内部で用いられていた方法をウェイトが公にしたものだとされる。古代のケルト文明とはまったく関係がないものであるが、ウェイトの著書で「古代ケルト法（Ancient Celtic Method）」という呼称が用いられたため、その名で呼ばれるようになった。カードの配置をケルト系のキリスト教会における「輪付き十字（ケルト十字）」に見立てたものであろう。どんなことでも占うことができる、ほぼ万能のスプレッドだが、とくにひとつの問題をじっくりと分析したいときに有効である。時間の流れを追いながら、気持ちの変化までも見てゆくことができる。

ケルト十字法

1 現在の状況
2 問題を困難にしていること、障害
3 目標としていること
4 過去の状況、今の問題を引き起こしたこと
5 近い過去の状況
6 近い未来の状況
7 無意識のなかに抑圧しているもの
8 周囲の人があなたをどんなふうに見ているか
9 望みや恐れ
10 結果、結論

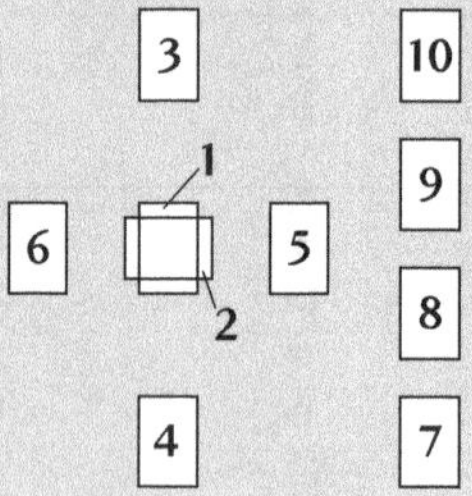

【ホロスコープ・スプレッド】

占星術のホロスコープに見立ててカードを解釈するものだ。人生のさまざまなテーマについて占えるので、具体的な質問ばかりではなく、漠然とした質問、たとえば「今年の運勢はどうですか」といったものにも対応できる。

ホロスコープ・スプレッド

1 質問者の性格
2 金銭運
3 教育・コミュニケーション
4 家庭生活
5 恋や楽しみ
6 仕事
7 結婚・対人関係
8 死とセックス
9 海外・高等教育
10 職業
11 目標、到達点
12 友人関係
13 無意識、隠されているもの

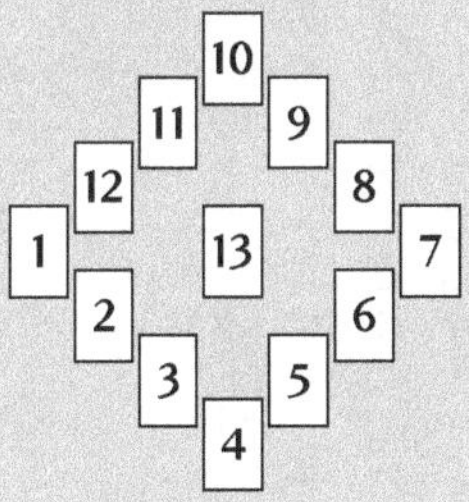

以上三つが一般的な配置だ。並べるカードの枚数が多いと解釈が難しくなるように思えるが、実際にはそうではない。過去・現在・未来などについて、それぞれを示唆するカードが出てくるのだから、素直に読んでいくだけでも、かなり占いらしくなる。

ただ、ひとつ申し上げるとすれば、カードを何枚も展開する方法は、イメージを限定しすぎるきらいがあるということだ。むしろ一枚か二枚のカードを丁寧に読み解くやり方のほうが、実は難しいし、高度でもある。加えて、そこから深いインスピレーションが得られることが多いのである。

その意味で、僕が愛用しているのが、次のスプレッドだ。

【シンプル・クロス・スプレッド】

シンプル・クロス・スプレッド

1　現在の状況

2　問題の所在、希望の実現を阻むもの

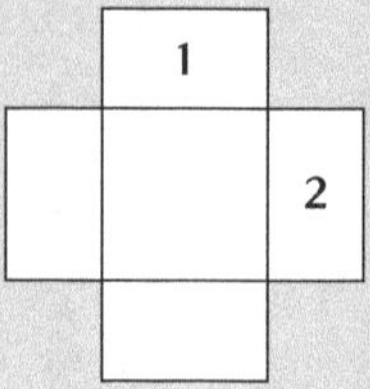

このスプレッドは、アメリカのタロット占い師であるS・トムソン、R・ミュラー両博士らが考案したものをもとにしている。彼らの著書『タロットのハート』で紹介されていたものだが、この方法を知って以来、愛用している。

これはひと言でいえば、「ケルト十字法」を限界までスリムダウンさせた方法だ。非常にシンプルでありながら鋭い洞察を与えてくれるので、恋占いはもちろん、どんな問題でも頼りになるはずだ。とくに今の自分の状況や問題点を明確にしたいという人には、ぴったりの占い方法である。用いるカードはわずか二枚。「ケルト十字法」の最初の二枚を使う。1は現在の状況、2は問題の所在や希望の実現を阻んでいるもの、いわば試練を示している。この二枚の対比によって、さまざまなことをあぶりだしていくのだ。

カードの読み方

さて、カードを並べることはできたものの、具体的にそれをどう読めばいいのか、迷う方が多いことだろう。そこで、さまざまなスプレッドを使って、カード・リーディングの実例をご紹介しよう。もちろん、ここに挙げたのは一例にすぎない。カードの絵を見ながら、自分でイメージを膨らませていただきたい。

また、カードは出たときの正逆によって意味が変わるとされるのが一般的だが、第四章でも述べたように、僕はその必要性をあまり感じていない。直感的にカードの向きが重要だと感じたときには、カードのネガティブな意味合いを重視するようにする程度だ。

「こうでなければならない」という占い方のルールはタロットにはないので、自分の経験に照らしつつ、カードによって喚起される自分なりのイマジネーションに素直についてゆこう。具体的な結果、たとえば恋が成就するかどうかといった答えを引き出そうとするより、カードのイメージからどんな洞察やアドバイスが得られるか、ということのほうがずっと重要である。

実占例1

たとえばこんな例はどうだろうか。

〈二八歳女性で、いまの交際三年目の恋人とこのまま進展があるのかどうか不安に思っている〉

シンプル・クロス・スプレッドでカードを展開してみた。使ったカードは大アルカナのみである。

1のカードは「節制」、2のカードは「悪魔」であった。

①現在の状況＝**「節制」**……杯から杯へと移し替えられる水は、気持ちが穏やかに交流していることを示している。いまのままでも問題はないだろう。

②問題の所在、希望の実現を阻むもの＝**「悪魔」**……しかし、二番目のカード、障害になっていることを示すのは、「悪魔」だ。カードでは大悪魔が小悪魔を鎖で縛っている。これは今よりももっと強い「鎖」で相手とつながりたいという気持ちを示すようにも見えるが、それがかえって障害になっているようだ。

むしろ、もっと自由な気持ちでいたほうが関係性が深まっていくのかもしれない。絆を求める気持ちが束縛になると、逆に相手が遠ざかる可能性もあるのではないだろうか。

実占例2

〈三五歳の男性で、大きな企業に勤めているが、最近転職の声掛けをされた。やりたい仕事内容はそちらのほうが近い。天職を見きわめるにはどうすればよいか〉

この例については、最も一般的な展開法であるヘキサグラム・スプレッドを使ってみた。使ったカードは大アルカナ二二枚のみ。出たカードは次のとおりだ。

①過去の状態、問題の原因＝**「運命の輪」**……これまでこの男性が、さまざまなチャンスに乗れていたことを示すように見える。大企業に就職できたのも、幸運の後押しがあってのことかもしれない。

②現在の状況＝**「月」**……不安や迷いを表す「月」が出た。そもそも、今の仕事の可能性や先行きに、疑念を持っていたのかもしれない。迷っているという現在の状況がよく示されている。

③未来の状況＝**「死神」**……恐ろしげな「死神」は、一見、凶兆であるかのように見える。しかし、このカードが示すのは、死と同時に再生でもある。これまでの自分を断ち切る

ことによってのみ、新しい未来が現れることを示すようだ。ひとつ前に出た「月」のカードは、それまでの過去に引きずられてしまう優柔不断な状況を示すようにも見えるが、「死神」は、過去から思い切って脱皮し、新しく自分を再生させてゆくための決意を示しているように見える。

④環境や周囲の人々＝**「悪魔」**……こちらも少し恐ろしげなカードが出た。「悪魔」は誘惑などを示すカードである。環境や周囲の人々を表す位置に出たので、周囲からの声には少し警戒したほうがよいということだろう。この質問では、他社から引き抜きのような声がかかったということだから、もしそれが条件的な面であまりに好ましい話に思えたり、うまい話に聞こえたりするなら、「悪魔の囁き」である可能性も考慮しておくべきだということだろう。

⑤無意識の望み＝**「恋人」**……隠された気持ちの動きを示すこの位置に「恋人」が出た。むろん恋を表すことが多いものではあるが、ここでは仕事の運を見るものなので、仕事に対してかつてのような「惚れ込み方」、つまり情熱やモチベーションを感じたいということを示している。ウェイト＝スミス版では、「悪魔」と「恋人」の構図がよく似ているのが興味深い。両方とも画面下にはふたりの人間（あるいは小悪魔）がおり、画面上には翼を広げた超越的な存在（悪魔ないし天使）がいる。この相談者の無意識的な望みと、

外からの誘惑的な声がよく呼応していることを示しているようだ。

⑥取るべき方法＝**「審判」**……復活と同時に新しい目覚めを表すカードである。今必要なことは、性急に新しい決断を下すことではなく、初心を思い出して、本当は何がやりたかったのかを振り返るということではないだろうか。そこから新しい道を展望することができる。

⑦最終結果、問題の核心＝**「星」**……未来への希望や願いを表す「星」が出た。タロット占いは、相談者に代わって物事を決めるためのものではない。最終的な決断は、相談者本人に委ねるべきだ。しかし、ここで言えることは、まず外的な条件面にこだわりすぎないで今の選択肢を熟考してみること（悪魔）、もともと自分がやりたかったことをもう一度深く考えてみること（審判）、それによって今の迷い（月）が吹っ切れて（死神）、心機一転、新しいスタートを切ることができるだろう、ということである。

実占例3

〈二九歳の女性。結婚できずに焦っている。元彼とのズルズルした関係を断ち切り、新たな恋を見つけるにはどうすべきか〉

こちらはケルト十字法で占ってみよう。今回は小アルカナも含めた七八枚のカードすべてを使うことにする。出たカードの順番に見てゆく。

①現在の状況＝**「杯の7」**……幻想や非現実的な願望を示すカードが出た。この女性が真剣に現実に向き合っているとは言い難いのかもしれないし、あまりにたくさんの条件や希望を数え上げているのかもしれない。

②問題を困難にしていること、障害＝**「杯の2」**……ずばり、恋を示すカード。元彼のことも質問に上がっているので、まだ過去の恋にこだわりがあるか、まるで映画に出てくるような恋への憧れが、かえって出会いを邪魔しているように見える。

③目標としていること＝**「剣のキング」**……強く権威的な男性。このような男性との結婚を望んでいるということか。あるいは、自分自身がもっとイニシアチブをとっていけるということであろうか。

④過去の状況、今の問題を引き起こしたこと＝**「剣のペイジ」**……魅力的だが、危険をはらんだ人物。これが元彼だとすれば、彼女の中には、恋にスリルやエキサイトメントを求める気持ちがあって、やんちゃなイメージの男性に惹かれた可能性が高い。

⑤近い過去の状況＝**「杯のエース」**……恋の始まりを示すカードなので、もしかしたらすでに気になる人がいるのでは？　もちろん元彼以外の人物である。

⑥近い未来の状況＝**「隠者」**……孤独やひとりでの行動を意味するもの。自分が冷静にな

れるような状況がやってくる。始まった恋は、焦らずに育てていく必要がある。

⑦無意識のなかに抑圧しているもの＝「**棒の4**」……幸福な家庭を暗示する。この人が望んでいるのは、幸福な家庭のイメージであり、幼い頃に味わったであろう幸福感の再現であるようだ。

⑧周囲の人があなたをどんなふうに見ているか＝「**棒のペイジ**」……才気煥発な女性であり、エネルギーに満ちていると見ているはず。十分魅力的な人に映っているようだ。

⑨望みや恐れ＝「**杯の9**」……願いが叶うカードであるが、ここに出たことで高望みをしてしまう傾向を示すようにも見える。一気に問題を解決しようとするのは難しい。

⑩結果、結論＝「**金貨のクイーン**」……地に足の着いた、現実的な行動ができる女性を示すカードが出た。十分に結婚も可能である。面白いのは、この一〇枚の札のなかで唯一、金貨が出たのがこの最終結果であるという点。金貨は経済に象徴される現実性を示す。つまり、彼女自身が成長した女性として現実的な感覚を養ってゆくことで、自然と結婚への道が開かれてゆくということだ。そのためにはしばらく、自分自身の時間を大事にすることが必要になるだろう。

もうひとつのタロットの使い方

今見てきたように、タロットの占いは、裏返したままシャッフルし、そのなかからランダムにカードを引き、表に返して解釈してゆくというかたちが主流である。偶然に任せてカードを引き、そこから現れるシンボルによって啓示を得る、というものである。

それに対して、最初から表向きにしたカードを読むという逆転の発想によってカードを使う人も出てきている。これはタロット「占い」というよりは、より心理学的なセラピーツールとしての用い方である。

心理学では「投影法」というテストが知られている。最も有名なのはロールシャッハ・テストであろう。本来、意味のないインクの染みでも、見る人によってはそれが人の顔や動物の姿など、さまざまな姿に見える。それは、その人の無意識の内容が「投影」されていると考えられるためだ。自分でも思いがけないイメージが浮かび上がってくることもあり、そこから自分の抑圧された感情が意識化されると考えるわけだ。

同じようなことを、タロットを使って試みることができる。

大アルカナだけでやってもよいし、七八枚のフルセットを使ってもよい。ただし、この場合には七八枚すべてが絵札になっているウェイト=スミス版か、その系統のものを使おう。トランプのように数だけの札だと、イメージを投影しにくいためだ。

すべてを表に向け、十分に時間をかけて、そのなかから「気になるもの」を選ぶ。一枚だけ選んでもよいし、恋愛などの人間関係に悩んでいるのであれば、「自分を表すカード」「相手をカードでたとえるなら」という感じで複数枚を選んでもよい。

ひとつ実例を挙げると、不倫関係に悩んでいる女性が、相手を表すカードとして「金貨のキング」を選んだことがある。どうしてそのカードを選んだのかと聞くと、「安定感があって大人としての魅力を持っているように見える」と答えた。またその男性の経済力に惹かれていることもあるという。これはカード占いの意味ともよく合致する。

このメソッドで重要なのはここからだ。さらにこのカードをじっくりと眺めて、最初は気づかなかったような細部や、気になるところを見てゆくのである。その絵柄や色などから連想を広げていくことで、自分の気持ちの隠れた一面が表れることがある。

ウェイト＝スミス版を見ていたその女性は、「金貨のキング」が葡萄の柄の服を着ていることに気がつく。そしてそれがどんどん気になってきたという。

「葡萄はワインの原料ですよね。たしかに彼はワインが好きで……。そして、私の父もワインが好きだったんですよ。ときおり泥酔もしていて……。もしかしたら、彼と父を重ねたりしていたのかもしれない」

これで彼女は、父親との関係性が未消化なまま自分の中にあることを意識化しはじめたのである。父親に対する愛憎半ばした複雑な気持ちを意識していくことによって、今の恋愛相手を見る目が少しずつ変わりはじめ、面倒な関係がほぐれていくきっかけになる可能性は十分にある。

これは極端にわかりやすい例ではあるが、このようにタロットが、自分の心の奥に潜む課題を引き出すきっかけとなる可能性があるのだ。

そして、まだまだタロットを使う方法はたくさんある。ほかの本や講座で学ぶのもよいし、自分自身で独創的な使い方を開発してゆくことも、また楽しいはずだ。そのことによって、あなた自身がタロットの伝統に参画することになるのである。

最後にもういちど強調しておきたいのだが、タロットのみならず、占いは「希望」のためにあることを忘れてはならない。

とくにタロットの絵柄は、場合によっては普通に考えられている以上に人の心にインパクトを与える。占いなど信じてはいなくても、「死神」などのカードは心理的にもショックを与えることもある。どんなカードが出ても、それはあくまでも未来の希望につなげるためのものであるべきで、「絶対にダメ」だとか「こうなる運命」などと、冗談半分にしても告げるべきではない。

偶然がもたらすカードからの啓示にひと時、常識で凝り固まった考え方から解放されてみること、そしてこれまでの自分を労《いたわ》り、これからの未来に希望をつなぐこと。これがタロット占いの核心ではないか。

あとがき

駆け足で見てきたタロットの世界、いかがだっただろうか。たかが占い用と軽視されがちなカードの中に、これほど豊かな広がりのある宇宙が存在していることを感じ取っていただければ、著者としては望外《ぼうがい》の喜びである。

今では女性誌やネットを中心に〝占い〟企画で仕事をさせていただき生活している僕であるが、今にして思えば、キャリアのスタートは幼い頃に手にしたタロットからだった。序章でもお話ししたように、僕は小学生のときにタロットに触れた。カードに添えられていた解説書には、タロットは未来を啓示する予言のカードであり、さらに占星術やユダヤの魔法ともつながる実に神秘的な道具だと書かれていた。本書をお読みいただいた方には、こうした神秘的なタロット観は鵜呑みにできないことをもうご存知のはずだが、子供だった僕はその解説に魅了され、タロットの入門書を買いあさり、占星術を学び、また英国に手紙を書いて魔術の実践者たちとも交流するようになっていった。

だが、その純粋な魔法の夢はある意味で破れてしまう。冷静に考えればおかしいではないか。紙切れにすぎないカードや遠くにある惑星が人間の運命を指し示すはずはない。そう、占いは常識的に考えれば「迷信」であることに気がついてしまったのだ。

しかし、それでも僕にかけられた神秘の魔法は完全には解けることはなかった。占いやマジカルな世界は、やはり魅力的であり、やってみると実際に「当たる」ようにも思えるのである。だが、同時に、僕のなかでは占いは「迷信」であることを知っている理性も存在していた。自分の中に矛盾した二人の自分がいたのである。いや、この二人の自分はいまだに葛藤を続けている。

そんなおり、心理学者のユングの思想に出合った。これもまたタロットを通して出合ったものだ。当時のタロットの入門書にはしばしばユングの名前が出てきていたのであった。今にして思えばこれは当然で、近代の知識人のなかで占いに真正面から取り組み、肯定的に扱っているのはユングくらいしかいない。そして、僕はユングの自伝を読んで驚いた。実はユング自身も合理的な人格と非合理で神秘的な人格の二面を内包していて、それをなんとか統合しようと努力していたというのである。偉大なユングと自分を重ね合わせることはおこがましいと思いつつ、神秘と合理の矛盾に向き合った先達としてユングを読み続け、大学、大学院ではユング研究をすることになった。と同時に、占星術や心理学関係の専門書の翻訳なども手がけるようになり、いくつかの大学でも客員教授として教壇に立たせていただいている。メディア占い師としての鏡以外の、もうひとつの鏡もまた、タロットの導きで作られたのである。

本書の構成と内容は、僕の中の二つの自分という特徴をそのまま表している。一つはどちらかというと冷静で合理的な自分。この自分は、神秘性を剝ぐ方向でタロットの歴史を叙述している。本書はタロットの「神話」を崩すことにもなっている。一方で、もうひとつの神秘的な世界に憧れる自分はタロットのハウツーを解説している。タロットが人の心の内面を映し出すと仮定して、その意識のモードに入ることでタロットは「使える」ようになるのである。

そして、僕は思うのだ。ユングや僕ほどの極端なかたちではなくても、人は誰でも自分の中に理性とロマンの二つを抱えている存在であるはずだ。タロットは、誰の中にでもあるこの二つの側面をすくい上げているのだ。

かつて、日本にタロットを紹介した種村季弘を魅了したのは、タロットは森羅万象をその中に表しているというアイデアでもあった。この考え方があるからこそ、タロットカードは、日常のちょっとしたことから高度な哲学的問いまで、答えることができると考えられたのである。

この宇宙すべてを解き明かしたいというのは、人間という存在がもつ根源的な欲求だ(現在は「科学」によってそれを成し遂げようとしている)。だからこそ、人はタロットに魅了されてきた。タロットは、手の中の宇宙なのである。

本書ができるのには多くの方のお力添えがあった。ここに記して感謝を捧げたい。まず書店での「トランプ・タロット展」の写真をご提供くださったニチユーさん。ニチユーさんは日本を代表するタロットやカードの輸入、販売会社である。そして世界的なタロット研究家、コレクターである夢然堂さんにはウェイト＝スミス版、マルセイユ版などの貴重な図版をご提供いただいた。また本書の一部は、以前刊行した『タロット　こころの図像学』を下敷きにしている。その版元である河出書房新社のみなさんにも感謝したい。さらに、いつもワイン片手にタロット談義に話を咲かせてくださる畏友、伊泉龍一さん。現代新書へのご縁を繋いでくださった京都文教大学の秋田巖教授。そして本書執筆において原稿整理やライティングに大きなお力添えをいただいた細江優子さん、本書の編集を一手に引き受けて丁寧に原稿を見てくださった講談社の坂本瑛子さん、ほんとうにありがとうございました。最後に、本書を手にとってくださったあなたにも感謝を。

鏡リュウジ

主要参考文献

Arrien, Angeles, *The Tarot Handbook : Practical Applications Of Ancient Visual Symbols,* Arcus,1987.
Bair, Deirdre, *Jung : A Biography,* Back Bay Books, 2003.
Campbell, Joseph and Richard Roberts, *Tarot Revelations,* Vernal Equinox Press, 1979, 82, 87.
Case, Paul Foster, *The Tarot : A Key to the Wisdom of the Ages,* B.O.T.A., 1975.
Cavendish, Richard, *The Tarot,* Chancellor Press, 1975, 86.
Christian, Paul, *The History and Practice of Magic,* The Citadel Press, 1972. (translated)
Crowley, Aleister, *The Book of Thoth,* US Games Systems, 1977. (アレイスター・クロウリー『トートの書』「クロウリー著作集2」フランシス・キング監修／榊原宗秀訳、国書刊行会、一九九一年)
Daniels, K.N. et.al, *Tarot at a Crossroads : The Unexpected Meeting of Tarot & Phychology,* Schiffer Publishing, 2016.
Decker, Ronald, *The Esoteric Tarot : Ancient Sources Rediscovered in Hermeticism and Cabala,* Quest Books, 2013.
Douglas, Alfred, *The Tarot : The Origins, Meaning and Uses of the Cards,* Penguin Books, 1972. (アルフレッド・ダグラス『タロット』栂正行訳、河出書房新社、一九九五年)
Dummett, Michael, *Twelve Tarot Games,* Duckworth, 1980.
Dummett, Michael, *The Visconti-Sforza Tarot Cards,* Geroge Braziller, 1986.
Dummett, Michael and Sylvia Mann, *The Game of Tarot : From Ferrara to Salt Lake City,* Duckworth, 1980.
Dummett, Michael, Ronald Decker and Thierry Depaulis, *A Wicked Pack of Cards : The Origins of the Occult Tarot,* St. Martin's Press, 1996.
Ed.by Cousineau, Phil, *The Hero's Journey : Joseph Campbell on His Life and Work,* New World Library, 1990.
Giles, Cynthia, *The Tarot : History, Mystery and Lore,* Paragon House, 1992.
Gray, Eden, *A Complete Guide to the Tarot,* Crown Publishers, 1970.
Greene, Liz, *Magi and Maggidim : The Kabbalah in British Occultism 1860-1940,* Sophia Centre Press, 2012.

Greer, M.K., *The Abbey Theatre Tarot Reading,* in ed.by Charles and Sandra Cicero The Best of the Golden Dawn Journal book1 H.O.G.D books, 2007.
Helen Farley, *A Cultural History of Tarot,* I.B.Tauris, 2009.
Kaplan, Stuart R., *The Encyclopedia of Tarot,* Vol.1,2,3, US Games Systems, 1990.
Nichols, Sallie, *Jung and Tarot : An Archetypal Journey,* Weiser, 1980.（サリー・ニコルズ『ユングとタロット』秋山さと子、若山隆良訳、新思索社、二〇〇一年）
Noble, Vicki, *Motherpeace : A Way to the Goddess through Myth, Art, and Tarot,* Harper SanFrancisco, 1983.
O'Neill, Robert V., *Tarot Symbolism,* Fairway Press, 1986.
Papus, *The Tarot of the Bohemians : Absolute Key to Occult Science,* Wilshire Book Company, 1978.
Parlett, David, *A History of Card Games,* Oxford University Press, 1991.
Pollack, Rachel, *Seventy-Eight Degrees of Wisdom : A Book of Tarot,* Thorsons, 1999.
Pollack, Rachel, *The New Tarot : Modern Variations of Ancient Images,* Aquarian Press, 1991.
Roberts, R., *The Original Tarot and You,* IBIS Press, 1971, 87.
Sharman-Burke, Juliet, *The Complete Book of Tarot,* St. Martin's Press, 1987.
Sharman-Burke, Juliet, *Mastering the Tarot : An Advanced Personal Teaching Guide,* St. Martin's Griffn, 2000.
Sharman-Burke, Juliet and Liz Greene, *The Mythic Tarot,* Simon and Schuster, 1986.
Thomson, Sandra A., Robert E. Mueller and Signe E. Echols, *The Heart of the Tarot : The Two-card Layout : Easy, Fast, and Insightful,* Harper SanFrancisco, 2000.
Waite, Arthur Edward, *The Pictorial Key to the Tarot,* Samuel Weiser, 1973.（アーサー・E・ウエイト『新・タロット図解』アレクサンドリア木星王監修／シビル岡田訳、魔女の家ＢＯＯＫＳ、一九九六年）
Walker, Barbara G., *The Secrets of the Tarot : Origins, History, and Symbolism,* Harper SanFrancisco, 1990.（バーバラ・G・ウオーカー『タロットの秘密』寺沢明美訳、一の丸出版、一九九二年）
Williams, Brian, *A Renaissance Tarot,* US Games Systems, 1994.

アントワーヌ・フェーヴル／田中義廣訳『エゾテリスム思想』白水社、一九九五年
アンドレア・アルチャーティ／伊藤博明訳『エンブレム集』ありな書房、二〇〇〇年
アンドレ・ブルトン／宮川淳訳『秘法十七番』晶文社、一九八五年
伊泉龍一『タロット大全』紀伊國屋書店、二〇〇四年
伊泉龍一、ジェーン澁澤『リーディング・ザ・タロット』駒草出版、二〇〇九年
イスラエル・リガルディー編／江口之隆訳『黄金の夜明け魔術全書』上下「黄金の夜明け魔法大系1・2」（秋端勉責任編集）国書刊行会、一九九三年
イタロ・カルヴィーノ／河島英昭訳『宿命の交わる城』講談社、一九八〇年
一柳廣孝編著『オカルトの帝国』青弓社、二〇〇六年（金子毅「オカルト・ジャパン・シンドローム」収録）
イーデン・グレイ／星みわーる訳『啓示タロット』郁朋社、二〇〇二年
ウラヌス星風『西洋占星学研究集成 神秘への扉 タロ－カード入門』虹星人叢書、二〇一五年
江口之隆、亀井勝行『黄金の夜明け』「世界魔法大全1」国書刊行会、一九八三年
エミール・マール／田中仁彦他訳『中世末期の図像学』上下「中世の図像体系5・6」、国書刊行会、二〇〇〇年
エリファス・レヴィ／生田耕作訳『高等魔術の教理と祭儀』人文書院、一九九二年（祭儀篇）・一九九四年（教理篇）
エリファス・レヴィ／鈴木啓司訳『魔術の歴史』人文書院、一九九八年
樺山紘一『ルネサンスと地中海』「世界の歴史16」中央公論社、一九九六年
カール・グスタフ・ユング／池田紘一、鎌田道生訳『心理学と錬金術』Ⅰ・Ⅱ、人文書院、一九七六年
カール・グスタフ・ユング／C・ダグラス編『ヴィジョン・セミナー』創元社、二〇一一年
カール・グスタフ・ユング／高橋義孝訳『無意識の心理』人文書院、一九七七年
ジェイムズ・ヒルマン／入江良平訳『魂の心理学』青土社、一九九七年
ジェイムズ・ヒルマン／鏡リュウジ訳『老いることでわかる性格の力』河出書房新社、二〇〇〇年
ジェイムズ・ホール／高階秀爾監修／高橋達史他訳『西洋美術解読事典』河出書房新社、一九八八年
ジャン・セズネック／高田勇訳『神々は死なず』美術出版社、一九七七年

チャールズ・ポンセ／大沼忠弘訳『魔法遊戯』平河出版社、一九八三年
T・S・エリオット／深瀬基寛他訳『エリオット全集1』中央公論社、一九七一年（「荒地」収録）
ニキ・ド・サンファル『タロット・ガーデン』ニキ美術館、二〇〇八年
バーバラ・ウォーカー／山下主一郎他訳『神話・伝承事典』大修館書店、一九八八年
ハンス・H・ホーフシュテッター／種村季弘訳『象徴主義と世紀末芸術』美術出版社、一九八七年
フランセス・A・イエイツ／玉泉八州男監訳『記憶術』水声社、一九九三年
マーカス・カッツ、タリ・グッドウィン著／伊泉龍一訳『シークレット・オブ・ザ・タロット』株式会社フォーテュナ、二〇一六年
水之江有一『図像学事典』岩崎美術社、一九九一年（チェザーレ・リーパ『イコノロギア』の紹介本）
山本伸一『総説カバラー』原書房、二〇一五年
ユルギス・バルトルシャイティス／有田忠郎訳『イシス探求』「バルトルシャイティス著作集3」国書刊行会、一九九二年
吉村正和『図説 近代魔術』河出書房新社、二〇一三年

講談社現代新書　2424

タロットの秘《ひ》密《みつ》

二〇一七年四月二〇日第一刷発行　二〇二四年八月二日第九刷発行

著者　鏡《かがみ》リュウジ　©Ryuji Kagami 2017

発行者　森田浩章

発行所　株式会社講談社

東京都文京区音羽二丁目一二—二一　郵便番号一一二—八〇〇一

電話　〇三—五三九五—三五二一　編集（現代新書）

〇三—五三九五—四四一五　販売

〇三—五三九五—三六一五　業務

装幀者　中島英樹

印刷所　株式会社ＫＰＳプロダクツ

製本所　株式会社ＫＰＳプロダクツ

定価はカバーに表示してあります　Printed in Japan

N.D.C. 148.9　325p　18cm

ISBN978-4-06-288424-2

「講談社現代新書」の刊行にあたって

教養は万人が身をもって養い創造すべきものであって、一部の専門家の占有物として、ただ一方的に人々の手もとに配布され伝達されうるものではありません。

しかし、不幸にしてわが国の現状では、教養の重要な養いとなるべき書物は、ほとんど講壇からの天下りや単なる解説に終始し、知識技術を真剣に希求する青少年・学生・一般民衆の根本的な疑問や興味は、けっして十分に答えられ、解きほぐされ、手引きされることがありません。万人の内奥から発した真正の教養への芽ばえが、こうして放置され、むなしく滅びさる運命にゆだねられているのです。

このことは、中・高校だけで教育をおわる人々の成長をはばんでいるだけでなく、大学に進んだり、インテリと目されたりする人々の精神力の健康さえもむしばみ、わが国の文化の実質をまことに脆弱なものにしています。単なる博識以上の根強い思索力・判断力、および確かな技術にささえられた教養を必要とする日本の将来にとって、これは真剣に憂慮されなければならない事態であるといわなければなりません。

わたしたちの「講談社現代新書」は、この事態の克服を意図して計画されたものです。これによってわたしたちは、講壇からの天下りでもなく、単なる解説書でもない、もっぱら万人の魂に生ずる初発的かつ根本的な問題をとらえ、掘り起こし、手引きし、しかも最新の知識への展望を万人に確立させる書物を、新しく世の中に送り出したいと念願しています。

わたしたちは、創業以来民衆を対象とする啓蒙の仕事に専心してきた講談社にとって、これこそもっともふさわしい課題であり、伝統ある出版社としての義務でもあると考えているのです。

一九六四年四月　野間省一

哲学・思想Ⅱ

13 論語――貝塚茂樹
285 正しく考えるために 岩崎武雄
324 美について――今道友信
1007 日本の風景・西欧の景観――オギュスタン・ベルク 篠田勝英 訳
1123 はじめてのインド哲学 立川武蔵
1150 「欲望」と資本主義――佐伯啓思
1163 「孫子」を読む――浅野裕一
1247 メタファー思考――瀬戸賢一
1248 20世紀言語学入門 加賀野井秀一
1278 ラカンの精神分析――新宮一成
1358 「教養」とは何か――阿部謹也
1436 古事記と日本書紀 神野志隆光
1439 〈意識〉とは何だろうか 下條信輔
1542 自由はどこまで可能か 森村進
1544 倫理という力――前田英樹
1560 神道の逆襲――菅野覚明
1741 武士道の逆襲――菅野覚明
1749 自由とは何か――佐伯啓思
1763 ソシュールと言語学――町田健
1849 系統樹思考の世界――三中信宏
1867 現代建築に関する16章 五十嵐太郎
2009 ニッポンの思想――佐々木敦
2014 分類思考の世界――三中信宏
2093 ウェブ×ソーシャル×アメリカ 池田純一
2114 いつだって大変な時代――堀井憲一郎
2134 いまを生きるための思想キーワード――仲正昌樹
2155 独立国家のつくりかた 坂口恭平
2167 新しい左翼入門――松尾匡
2168 社会を変えるには――小熊英二
2172 私とは何か――平野啓一郎
2177 わかりあえないことから 平田オリザ
2179 アメリカを動かす思想 小川仁志
2216 まんが 哲学入門――森岡正博 寺田にゃんこふ
2254 教育の力――苫野一徳
2274 現実脱出論――坂口恭平
2290 闘うための哲学書――小川仁志 萱野稔人
2341 ハイデガー哲学入門 仲正昌樹
2437 ハイデガー『存在と時間』入門――轟孝夫

宗教

世界の言語・文化・地理

世界史I

心理・精神医学

L

知的生活のヒント

M

趣味・芸術・スポーツ